金嗓金曲不了情

張夢瑞◎著

傳唱憶往歌未央。

每一個微月疏星晚上，我聽到你的活潑歌唱，
雖不能見到你的模樣，足夠我流連神往。

每一個苦雨淒風晚上，我聽到你的婉轉歌唱，
雖不能見到你的模樣，足夠我盪氣迴腸。

猜不透你的情，是明朗還是迷惘，
猜不透你的心，是愉快還是淒涼。

我不用明瞭你的狀況，也不想見到你的模樣，
永遠能留住這份幻想，更覺得情意深長。

這是長腿姊姊葉楓早年唱紅的「空中歌聲」中的唱詞，拿來形容我聽歌的歲月真是再恰當不過。

　　正如現在的年輕人一樣，年少時我也迷戀坊間的國語流行歌曲，當時還沒有電視，我經常守在收音機旁聽廣播，許多悅耳動聽的歌曲伴隨我度過無數歡樂的時光。

　　不久前，曾看過這樣一句話，相信很多人都有這種感嘆：當時代愈進步，令人珍惜感動的事物越來越少，有時不免懷疑，現代生活中，還有哪些東西能夠讓人定下心來回首往事，使人醞發繼續往前的生命力量？

　　隨著時代的流轉，當年許多流行歌曲，不斷地經後人翻唱，至今傳唱不輟的比比皆是，像「何日君再來」、「夜來香」、「綠島小夜曲」、「不了情」、「今天不回家」、「郊道」、「願嫁漢家郎」……都被列入流行歌曲的經典作。令人遺憾的是，很少人願意為我們解說這些動人歌曲的來龍去脈，主唱人是誰？那些耐人尋味的老歌，只是偶而夾雜在現代歌手備檔的唱片中，無人為它解說，更別提它一路走來的背景故事。

　　在台灣特有的政治環境及經濟型態下，我們變成一個勇於拋棄歷史，沒有文化記憶的國家，一切都以有沒有「經濟利益」為前提；舊的、老的、溫馨的、悲哀的，全部置之腦後。如果有人提起，就給你冠上「老了，落伍了」的帽子。我們太急於追求現在和不久的未來，從不珍惜既有的，屬於你我的集體記憶，這種人生多麼無趣又乏味呀！

對一位老歌迷來說，這些熟悉的「老歌」不但能拾回往日的歡樂，更能讓人產生勇氣，去面對現實社會的嘈雜與不滿。在多年記者生涯中，我也因著對老歌的鍾愛而挖掘、搜集到許多與歌者或歌曲本身有關的動人故事，希望藉著他們，能夠讓和我一般的老歌迷們，把失去的成長畫面一一拾回，讓心靈再一次地被感動。

國語流行歌曲起源於上海，時間是民國十五年左右，開山大師是黎錦暉。黎氏利用民間曲調所作的「毛毛雨」，及改編外國小曲作的「葡萄仙子」，在當時受到廣大民眾的歡迎，老弱婦孺皆能上口。之後，流行歌曲結合有聲電影，由平面成為立體，風迷了整個大江南北；周璇、白光、李麗華、李香蘭等，都是因為演唱電影插曲，聲譽日隆。

大陸淪陷後，流行歌曲南下到了香港，熱絡的情況比起上海可說有過之而無不及，上海時期的姚莉、張露在香港依然炙手可熱。香港本身更是造就了許多的歌唱好手，席靜婷、崔萍、葛蘭、顧媚、潘迪華、方逸華、葉楓……紛紛出籠，聲勢席捲整個東南亞。

台灣早期由於作曲人欠缺，一直是接收上海、香港時期的歌曲。直到周藍萍、左宏元、駱明道、劉家昌等人崛起，台灣才開始有作曲人為歌手寫歌，為流行歌曲開創嶄新的一面。紫薇、美黛、王菲、張琪……都是此時崛起。

這些文章自1995年起，以「傳唱憶往歌未央」的專欄，在《光華雜誌》刊載，逐月介紹一位讓人懷念的歌手，至今已完成了八十餘位，這其間我收到不少讀者的來函，特別是海外讀者，他們告訴我，非常喜歡這個專欄，勾起這些

異鄉人許多甜蜜的回憶，甚至有讀者告訴我：大家只關心市場流行什麼歌曲，這一代不注重上一代的歌曲，下一代又何嘗理睬這一代；一代顛覆一代，沒有人為流行音樂整理資料，希望我能出版單行本，方便收藏。我這才認真考慮結集出書。

由於篇幅有限，斟酌再三，決定從八十餘位歌手中，挑出三十六位大家耳熟能詳的人物，分上海、香港、台灣三個時期出版。這些明星或歌星，都曾紅極一時，有的已經作古，有的至今仍活躍舞台，不管他（她）們身居何處，每個人都有代表作留給歌迷回味，雖然有些演員的歌藝並不十分出色，但終究還是有作品，他們的歌聲也讓歌迷津津樂道。感謝這些藝人，因為有了他（她）們優美動聽的歌聲，才讓我們覺得平淡的生活，變得豐富及多姿起來；也因為有他（她）們的陪伴，才使我們成長的歲月增添無數的歡笑。

無論歡唱「何日君再來」、「綠島小夜曲」、「今天不回家」、「我是一片雲」的日子有多遙遠，也不管「夜來香」、「不了情」、「癡癡地等」、「諾言」已難在主流市場立足，這些耐人尋味、洋洋盈耳，婉若游龍乘雲翔的歌聲，一經響起，必定會在你我心頭，揚起一股揮抹不去的甜蜜。聽歌的歲月雖然遠去，但是，深藏心田的歌聲永遠不老，更不會褪色，它就像明星花露水的廣告用語：「愈陳愈香」，相信這些聽而美之的歌聲，將永遠鮮活在歌迷的心中，直到永遠永遠……

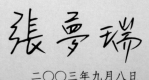

二〇〇三年九月八日

金/嗓/金/曲/不/了/情/

傳唱憶往歌未央–《作者序》

台灣時期

上海
Shanghai
時期

周璇

金嗓歌后

1919年生

本名：周小紅

代表歌曲：天涯歌女、四季歌、月圓花好、拷紅、鳳凰于飛、真善美、採檳榔

夜深深，停了針繡，和小姐閒談心，聽說哥哥病久，我倆背了夫人到西廂問候。

他說夫人恩當仇，叫我喜變憂，他把門兒關了，我只好走。

他們情意兩相投，夫人你能罷休便罷休，又何必苦追求……

這是民國二十九年，由有「金嗓子」之稱的一代歌后周璇，在其主演的電影《西廂記》中唱的插曲之一「拷紅」。詞曲皆由黎錦光擔綱。當年「拷紅」推出時，轟動大江南北，人人會唱，即使三歲小孩，也能朗朗上口。如今過了六十年，依然可以聽到這首膾炙人口的曲子在華人地區傳唱，可見它多受小老百姓的歡迎。

苦難中成長的女孩

周璇是中國流行歌曲史上一位極響亮的人物，她唱紅的歌曲相當多，像「愛神的箭」、「鳳凰于飛」、「真善美」、「月圓花好」、「不變的心」、「合家歡」、「夜上海」等，都是由她主唱。已故歌手鄧麗君唱紅的「何日君再來」，原唱人也是周璇。周璇一生演過四十二部電影，灌錄的歌曲超過兩百多首，在我國語歌壇上，已是經典人物。

周璇與一般成名的女藝人不一樣，她的身世相當坎坷，甚至連自己的親生父母都不知道。她的戀愛與婚姻充滿了辛酸無奈，想找一個愛她疼她的人也難如登天。儘管她貴為大明星，受到觀眾的熱愛，但是私底下卻極不快樂。一個在苦難中成長的女孩，卻在中共統治後的反右整肅運動中被折騰瘋了，最後又患上腦炎，終於在一九五七年九月二十二日以中暑性腦炎病逝上海的華山醫院，死時才三十八歲。周璇過世已四十六周年，回首一代歌后的生平，令人唏噓不已！

周璇是中國流行歌曲史上一位極響亮的人物，歷久不衰，灌錄的歌曲超過兩百首，堪稱國語歌壇的經典人物。

周璇雖然過世四十六年，但是她的歌聲卻沒有因為她的早逝而枯萎，反而愈陳愈香，至今傳唱不輟。

周璇生於民國八年，她的母親未婚即懷下她，在得不到家人的諒解下，削髮為尼。周璇出生不久，即被尼姑庵的住持送給一戶周姓人家，取名周小紅。周姓夫妻膝下無子，收養周璇不過是養兒防老，希望周璇長大後為他們賺錢。周璇沒有讀過多少書，亦未受過聲樂訓練，卻極具有歌唱天才，在無意間接觸到留聲機播出來的歌聲，讓她學會了許多歌曲，終於憑此踏入歌唱圈子。

周璇十三歲那年加入明月歌舞劇社，在這裡，她碰到日後成為她首任丈夫的嚴華。周璇初進明月什麼都不懂，一口的上海話，嚴華負責教她國語，周璇上進心很強，經常找嚴華請益，兩人相處久了，自然生出感情。

周、嚴兩人在民國二十七年結婚，當時周璇二十歲，嚴華二十六歲。周璇婚前已參加三部電影演出，同時在電台演唱，談不上成績。直到民國二十六年，導演袁牧之排除眾議，讓周璇擔任《馬路天使》的女主角，才使周璇的演藝生涯開始大放光采。《馬路天使》有兩首插曲，分別是「天涯歌女」及「四季歌」，均由賀綠汀譜曲，周璇唱來別有韻味，成了她的招牌歌之一。周璇的歌聲獨具一格，以後由她主演的電影，每部均安排插曲，最多時甚至有五、六首之多。

周璇的身世坎坷，終其一生都不知道親生父母是誰，婚姻也不幸福，她把歡樂帶給別人，自己卻忍受苦痛。

周、嚴結婚正值中日戰爭，上海屬英租界，但中國地下幫派力量相當活躍，現在仍有許多影視劇情以此為主題，如「上海灘」等，描繪被形容為十里洋場的老上海，只要有錢，人們仍然可以過著醉生夢死的生活。當時的電影界受黑社會把持，並且把藝人當搖錢樹。周、嚴兩人，就在這股惡勢力的操縱下生活著。

1938年周璇與嚴華結婚，可惜這段婚姻並沒有維持多久。

人生坎坷，歌聲卻繞梁至今

婚後的周璇，聲望直線上升，嚴華卻頗不得志，他時時管著周璇，主宰她的一切，甚至不讓周璇接電影通告（周璇當時曾因拍片而流產）。這可惹火了國華電影公司的老闆柳中浩，他先派人威脅嚴華，繼而從中挑撥兩人的感情，極力想要除掉這個眼中釘。耳根子軟又無主見的周璇，居然相信柳某的流言，以為嚴華移情別戀，為了氣氣嚴華，於是與演員韓非交往，這對亂世夫妻最後就在旁人的離間攛掇下，黯然分手。

離婚後的周璇，把全部心力放在演藝工作上，整整七年過著單身的日子。這期間不少男子追求她，周璇始終沒有動心，直到長相斯文，能言善道的朱懷德出現，她枯萎的心才開始復活。朱懷德是個有妻室的人，他追求周璇，完全是看上周璇的錢。可憐周璇卻察覺不出，一心編織美麗的夢想，直到朱懷德捲走她的全部積蓄，又不承認周璇腹中的孩子是他的，周璇才徹底絕望，這也是她日後精神崩潰的因素。

1948年周璇參加《清宮秘史》演出，飾演女主角珍妃。這是當年的電影海報。

周璇雖然活躍於歌壇與影壇多年,但一生命運多舛,令人嘆息。照片攝於1945年。

周璇一生充滿傳奇,她的故事曾多次被搬上電視拍成連續劇。

這是周璇在1949年拍攝的影片《花街》,右起周璇、嚴俊、龔秋霞、羅蘭。

周璇的一生充滿戲劇性,紅遍上海歌壇後,又往影壇發展,圖為民國三十七年左右,周璇赴上海拍戲與影星陳雲裳(右起)、製片人童月娟合影。

民國四十年,周璇認識畫家唐棣,這是她生命中第三個男人。當時已完全掌控大陸的共產黨,對唐棣曾是國民黨上校軍人的身分相當反感,認為他是「歷史反革命」的罪人,反對他與周璇結婚,同時以詐欺和強姦罪將他提起公訴,判刑三年。

周璇過世前幾年,一邊遭到批判鬥爭,一邊還要帶著疲乏的腳步,唱出優美的歌聲,撫慰大家的心靈。生活中的現象竟是如此複雜,令人一掬同情之淚。在身心俱疲下,周璇終於倒了下來,結束她短暫的三十八年生命。但是,她的歌聲卻沒有因為她的早逝而枯萎,反而愈陳愈香,像她在六十餘年前唱紅的「天涯歌女」,今天仍被蔡琴重新編曲詮釋。另外,她的「夜上海」也成了當今的熱門歌曲,連大學生都會哼唱。周璇為廣大歌迷留下的歌聲,不受時代限制,一代一代地傳下去……

玫瑰玫瑰我愛你

老牌唱將

姚莉

上，介紹她的文字裡，說她經歷了「將近二十年的過程，始終獨步歌壇，後起者無出其右」，是一點都不誇張的。

1921年生

本名：姚秀雲

代表歌曲：桃花江、月下對口、春風吻上我的臉、玫瑰玫瑰我愛你、恭禧發財

金嗓金曲 不了情

玫瑰玫瑰最嬌美，
玫瑰玫瑰最艷麗，
長夏開在枝頭上，
玫瑰玫瑰我愛你……

這歌是三〇年代，姚莉在周璇主演的電影《天涯歌女》中唱出，由陳歌辛作曲，吳村填詞，推出後轟動大江南北。後經愛樂人士的推介，輸入西方，被美國著名男歌手Frankie Laine灌成唱片，頓時風靡國際。這也是國語流行歌曲第一次登上國際舞台。

姚莉原籍上海，原名叫姚秀雲，是演唱國語流行歌曲資格最老的歌手之一，她從三〇年代在上海出道，直到六〇年代在香港退出歌壇，前後共灌唱了三百八十一首歌曲（最近又有出土資料指出姚莉唱過的歌曲有四百餘首，究竟有多少很難做出正確的統計），直到今天還在領唱片版稅。五〇年代，香港百代唱片公司的唱片封套

姚莉出道甚早，十三歲即踏入歌壇；十六歲以一曲「賣相思」紅遍大江南北，這是她在上海時期的兩張照片。

姚莉唱紅的歌曲不勝枚舉，無論是上海或香港時期均有，歌聲傳遍華人地區。由於歌曲廣受歡迎，至今仍在收版稅。

這種美始終還帶點少女的嬌，雖醇，卻不及香港時期渾厚。

五〇年代初，姚莉到了香港以後，歌唱事業展開了另一個新歷程，她接觸到大量的西洋流行歌曲，也灌錄不少翻譯歌曲，演唱風格突破上海時期的嬌嫩，她特別偏愛佩蒂·佩琪（Patti Page）的演唱方法，發音和吐字更清晰。根據姚莉的說法，這是她的「香港風格」，是順應香港的環境，自然演化出來的一種新唱法。

一九五六年起，姚莉開始為新華電影公司拍攝、鍾情主演的歌唱電影代唱，這一批電影插曲，風靡了整個東南亞，國人耳熟能詳，百聽不厭的「春風吻上我的臉」、「人生就是戲」、「桃花江」、「站在高崗上」，就是姚莉當時的作品。對許多歌迷來說，姚莉這段時期的歌，最能代表她，也最貼近一般人的記憶，坊間演唱她的歌曲也以香港時期的為主。提到姚莉，就讓人想到她的作曲家哥哥姚敏，姚敏本名姚振民，年少時家境貧困，吃過不少苦頭。姚莉加入百代唱片後，亦引薦哥哥加入。姚敏沒有正式學過音樂，但喜歡玩樂器，愛拉胡琴和唱京劇，加上天資穎慧，遂成大器。姚敏一生作品上千首，除了為妹妹寫了不少歌曲，也為當時著名的歌星譜寫過很多膾炙人口的曲子，例如潘秀瓊「情人的眼淚」、「我要為你歌唱」，李香蘭的「三年」、「恨不相逢未嫁時」等，不但在當時造成旋風，至今仍有許多人能夠琅琅上口。

姚莉出道時只有十三歲，起初只是因興趣而隨舅舅到電台播音表演，豈料因表現優異而得到周璇和嚴華賞識，介紹到唱片公司。她灌錄的第一張個人唱片是《賣相思》，與同一唱片中的另一首歌曲「清流映明月」流行一時，立刻成為紅歌星。

有成熟美的「銀嗓子」

姚莉初期刻意模仿周璇的唱腔，歌迷幾乎分辨不出兩人的嗓音。之後她活潑的少女聲帶，逐漸發展成穩健醇厚的成熟聲音。事實上，姚莉在四〇年代中期個人風格已相當突出，她的「銀嗓子」比周璇的「金嗓子」更爽朗，別具一種成熟美，然而

姚敏民國五十六年因心臟病過世，姚莉痛失兄長，決定退出歌壇，後經百代唱片力邀，始出任為唱片監製，七年後才正式退休。

姚莉在擔任百代唱片監製的這段時間，正是台灣流行樂起飛的時候，當時姚蘇蓉最早到香港登台，她的唱作俱佳和感情豐沛的唱腔，大異於當時香港藝人靜態的表演方式，尤其是「今天不回家」，更令香港歌迷為之瘋狂，唱片銷售量高達六十萬張，連帶地帶動台灣流行歌在港及星馬的地位。那時台灣藝人如張琪、青山、謝雷、鄧麗君、包娜娜等，在香港登台演唱時也都造成轟動，萬人空巷的程度，不下於今天張惠妹、伍伯的演唱會規模。

1957年姚莉在香港銅鑼灣百代錄音室留下這個鏡頭。

1949年姚莉赴香港繼續她的歌唱生涯，這個時期她唱的歌以電影插曲較多，一曲「桃花江」風靡整個東南亞，「春風吻上我的臉」、「哪個不多情」、人人均可琅琅上口。這是她在1950年拍攝的照片。

百代唱片特別派姚莉來台招兵買馬。這是姚莉首次來台，時間是民國五十九年（一九七○）七月。

不輕易收學生

姚莉對台灣歌星的印象很好，當時她第一位想簽的歌星就是鄧麗君。但是鄧麗君當時已與香港的聯亞唱片公司簽約，只好婉拒姚莉的美意。

雖然沒有簽到鄧麗君，姚莉卻破例在台灣收了陳芬蘭為弟子，把陳芬蘭帶有日本腔的國語矯正成功。姚莉不輕易收學生，因為她認為，不少人只是想學唱幾首歌，就要去闖江湖，而不是想認真地做一個歌手，從基礎做起，這是她不能同意的，因此不收學徒。

姚莉雖然長年定居香港，但對台灣的歌手卻瞭如指掌，她最欣賞國內的男歌星周華健和費玉清。她對周華健演唱的「花心」相當喜愛，曾公開表示這首曲子是她近年來最著迷的一首歌。

民國八十二年八月，姚莉與白光及製片家童月娟來台參加「話說中國歌舞電影憶」活動。已封喉二十多年，對歌唱仍難忘情的姚莉，在歌迷的要求下，演唱了「森林之歌」，她婉轉的歌喉，經過歲月的洗禮，依然悅耳動聽。

當天，周華健也到現場，姚莉終於見到自己心儀的歌手，內心十分喜悅，連連稱讚周華健唱得好，令周華健受寵若驚，差點說不出話來。

周華健還當場清唱了「玫瑰玫瑰我愛你」送給姚莉，他透露遠在求學時，就迷上這首歌曲，想不到事隔多年，居然跟原唱人會面，真是作夢也想不到。

之後，姚莉還來過台灣幾次，每次都引起老歌迷的熱烈迴響，歌迷似乎從姚莉的身上找回屬於他們那個年代無憂無慮、隨著她的歌聲輕鬆舞動的快樂時光。

姚莉與著名填詞家陳蝶衣前幾年連袂來台，兩人合作許多膾炙人口的作品，帶給歌迷數不盡的歡樂。

魂縈舊夢

憶 一代妖姬

白光

白●光

1920年生

本名：史詠芬

代表歌曲：魂縈舊夢、相見不恨晚、假正經、如果沒有你、東山一把青、等著你回來

花落水流，
春去無蹤，
只剩下遍地醉人的東風。
桃花時節，
露滴梧桐，
那正是深閨話長情濃……。

　　喜歡聽老歌的朋友，一下就可聽出，這是有著「一代妖姬」之稱的白光唱紅的「魂縈舊夢」。白光低沈而富磁性的嗓音，不知哼唱出多少令人癡醉的名曲。比較知名的有「如果沒有你」、「等著你回來」、「相見不恨晚」、「東山一把青」、「秋夜」、「醉在你的懷中」等，但最膾炙人口的，就是由李厚襄作曲，水西村填詞的「魂縈舊夢」。

　　近幾年來定居馬來西亞、過著唸佛吃齋清幽生活的白光，一九九五年十二月曾應邀來台，參加第三十二屆金馬獎頒獎典禮，主辦單位特別安排香港現代性感女星

白光低沈而富磁性的嗓音，不知唱出多少令人癡醉的名曲，特別是她唱的「魂縈舊夢」，無人能超越她的成績。

葉玉卿與白光同台演出，讓老少影迷見識到影壇上彌足珍貴的傳承鏡頭。民國九年出生的白光，儘管年華已老，但風韻猶存，頒獎典禮當晚，她與葉玉卿的對話，幽默地點出人生的頓悟，成為當晚的高潮，「白光到底是白光！」她那富有磁性的嗓音，多年來始終鮮活地縈繞在影歌迷的心中。

稱白光為中國影壇的傳奇女子，一點兒也不為過，她不僅在水銀燈下屢屢扮演形骸放蕩、遭遇曲折的女子，在水銀燈外的真實世界裡，她也過著如電影情節般離奇的生活——訂婚、解婚、結婚、離婚、再變成不結婚的女人，最後回過頭來，守著一九六九年認識的顏先生，「問卿究竟何所思？」一句「緣分」和微笑是最好的答案。

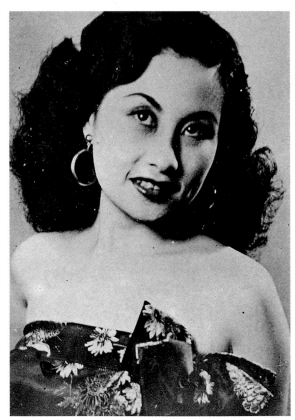

白光五官濃艷，嗓音低沈滄桑，影歌雙棲，有「低音歌后」及「一代妖姬」之稱。

1959年，白光隨自製、自演的《接財神》來台隨片登台，在機場留下這個鏡頭。

白光的嫵媚、慵懶，無人能出其右，這是她在影片《蕩婦心》中的鏡頭。

風流蕩婦引人醉

白光成名於民國三十二年，一部她主演的《桃李爭春》，風靡大江南北，由她本人主唱的主題曲，更成了上海廣播電台天天播放、歌台舞榭夜夜歡唱的曲子。

白光以飾演風流蕩婦馳名，她的作品很多，其實白光成名並非偶然，也並不是仗著豔麗的外型；她有深厚的藝術造詣，歌唱更是科班出身。民國二十七年，白光考取了庚子賠款的官費留日，隻身遠赴日本大學藝術科就讀，又兼讀三浦環歌劇學校。

白光後來雖以低沈和磁性的歌聲見稱，但是初期唱的卻是女高音。當時有人告訴她：李香蘭、歐陽飛鶯、龔秋霞都是唱女高音，何必再去湊熱鬧，不如改唱低音可獨樹一幟，白光想想也對，再加上她的嗓音有些變化，於是改唱隨意中帶有柔情的低沈歌曲，想不到竟大受歡迎。

白光和台灣的情份相當長，民國四十四年十月三十日，香港影劇界組成了一個包括林黛、葛蘭、林翠、李湄、王豪等人的祝壽團，專程回國為蔣公祝壽。

當時白光已和美籍航空隊駕駛白毛結婚，定居東京，但婚姻並不幸福，婚後兩年就打起離婚官司，白毛覬覦白光的積蓄，不肯善了，前後開庭二十多次，一直沒有定案。白光在這個心煩氣躁的當兒，接受香港祝壽團的邀請，由東京飛來台北為蔣公祝壽。這是她首次來台。

1955年，白光首次來台，除向蔣中正總統祝壽，並在當時的三軍球場表演，慰勞三軍將士，結果造成滿坑滿谷的盛況，差點把球場擠垮。左起葛蘭、白光、林黛、李湄蒙總統召見。

在台也掀起白光旋風

白光一下飛機，顧不得旅途勞累，立刻驅車至第一醫院，慰勞國軍傷患官兵，在大家熱烈要求下，她清唱了一首「等著你回來」，整個醫院的官兵為之沸騰，忘了病痛。

民國四十七年，二度來台的白光，帶著她自導自演的《接財神》登台，相當轟動。之後，她又主演了《鳳求凰》、《多情恨》等影片，民國四十八年後，才逐漸淡出銀幕。

白光慵懶中帶有滄桑感的獨特歌聲一直是歌迷念念不忘的，後來雖有冉肖玲、香港的徐小鳳等後起之秀也走低音路線，常應歌迷要求，演唱白光最膾炙人口的曲子，還被稱作「小白光」，但老歌迷聽來總覺得差了一疇。白光魅力也隨著歲月越陳越香。

民國六十六年，白光曾接受高雄藍寶石歌廳邀請登台演唱，儘管歌聲不如往年，但韻味不減當年；七十四年，她首度應邀參加金馬獎頒獎典禮，前幾年還應電影圖書館之邀，與姚莉一起回國。

在最近一次回國中，有歌迷問她，為什麼當年唱「魂縈舊夢」，把「縈」字唱成「榮」的音？白光瞪著那雙大眼睛說：「是嗎？我一直以為那個字念榮。」這就是白光，她那滿不在乎的態度，始終未變，任誰也忘不了這位歌聲嫵媚的女子。

白光是中國影壇的奇女子，令人懷念不已。

1993年，白光（左二）與老牌歌星姚莉應邀來台訪問，引起影迷的熱烈關注，久未露面的冬瓜美人周曼華（右二）也來與老友打招呼。右一為童月娟，後為葛香亭。他們各拿著自己年輕時的照片，一剎時，彷彿進入了時光隧道。（王宏光／攝影）

心願未了，撒手人寰

　　白光是影壇少有能歌會演的影歌雙棲藝人，她那慵懶中帶有滄傷的嗓音，不知演唱出多少令人癡醉的名曲。白光的電影作品相當多，幾乎每部影片都有她主唱因而走紅的歌曲，如《柳浪聞鶯》的「秋夜」、《六二六間諜網》的「懷念」、《血染海棠紅》的「東山一把青」、《蕩婦心》的「嘆十聲」，《接財神》中的「醉在你的懷中」。另外還有「相見不恨晚」、「等著你回來」、「我是浮萍一片」，都是小老百姓百聽不厭的歌。

　　一九九七年，張藝謀導演的《搖啊搖，搖到外婆橋》，還特別在劇中安排鞏俐以載歌載舞的方式，演唱白光著名的歌曲「假正經」。白光的風華，對這一代的人來說，只聞其聲，未能親炙。但她唱的歌卻穿越時空，到九○年代，依然可以從許多年輕輩的歌手中找到，白光的魅力可見一斑。

這是1957年白光（右三）隨《接財神》影片來台登台，與同鄉好友合影。

以「魂縈舊夢」為例，進入九〇年代後，至少還有五種版本，包括堂娜、齊秦、伊能靜、郭子等不同的歌手、不同的製作班底，都演唱過這首曲子。環顧國內歌壇，這種例子委實不多。

有人批評白光的音不準，甚至國語也不靈光，對於這一點，白光有所解釋：以前灌唱片都是在拍完電影後的半夜裡灌錄，時間緊迫不說，通常唱個兩三遍就正式錄音，哪像現在事前可以唱個一百遍，唱不好還可以不斷修改，修到完美無瑕的地步。

多年來白光一直有個心願，她想把早年唱紅的曲子，重新再唱一遍，算是對自己多年的歌唱作個交待。為了讓歌迷聽到她完美的歌聲，白光始終沒有停止練唱，年輕時白光曾跟著聲樂家練唱，如今雖然年華老去，但聲音還沒有壞，她也相信自己還能唱。

國內的上華唱片得知白光有意重現江湖，一九九九年四月曾到吉隆坡與白光接觸，計畫邀請白光來台灣灌錄她早年的成名曲。白光對此事也表現了極高的興趣，可惜天不從人願，她竟先走一步。

白光一生對錢財相當謹慎，很少人能從她的手中找到什麼便宜，但是，卻栽在她第三次婚姻時的美籍駕駛白毛的手中。白毛覬覦白光錢財多時，以甜言蜜語騙得她團團轉。離婚官司打了幾年，一直沒有定案。白光這次摔得不輕，真是賠了夫人又折兵，嚴重影響了她的演藝生命。

回首人生，白光免不了嘆息「我這個人做人失敗，得罪不少朋友，婚也結得不好，一路走來，始終沒有碰到一個真正愛我的人。」在憶及前半生的恩怨情仇，她不否認，仍有許多放不下的東西，包括人與事。

民國五十八年，白光到吉隆坡登台，遇到比她小二十歲的忠實影迷顏龍。顏龍體貼入微，對白光呵護備至，原以為今生與婚姻絕緣的白光，居然動了凡心。從此一顆滾動的心，終於安定下來，兩人長相廝守近三十年，跌破影迷的眼鏡。

白光一生最大的遺憾是沒有親自照顧兒女。她不只一次向好友嘆道年輕時忙著自己的事業，沒有好好養育兒女，等回過頭來想彌補自己的過錯時，兒女又不認她，內心十分苦痛。

1995年12月，白光來台參加金馬獎頒獎典禮，與老友白景瑞相聚。這是白光生前最後一次來台與影迷相會。

白光的女兒目前住在香港，有五個孩子，早年母女兩人從未往來，直到十幾年前，女兒才與她相見。之後母女每年見面一次，由於話題不多，見面也沒有什麼好談，像普通朋友般。不知是否受了母親的影響，女兒的婚姻也不如意，讓白光耿耿於懷。

白光於一九九九年八月二十七日不幸因腸癌病逝吉隆坡，享年七十九歲。消息傳來，令無數喜愛她的歌迷為之唏噓不已！

白光走後第三天，顏龍就幫她辦好了喪事。為了不打擾別人，喪事辦得極為低調。三十年來對白光始終如一的顏龍，難捨愛妻撒手人寰，他不願搬離舊居，那裡有太多他與愛妻的回憶。

老上海

忘不了的聲音

吳鶯音

金嗓金曲不了情

1921年生

本名：吳劍秋

代表歌曲：明月千里寄相思、岷江夜曲、聽我細訴、斷腸紅、我有一段情、南風、紅燈綠酒夜、恨不鍾情在當年、郎如春日風

夜色茫茫罩四周，天邊新月如鉤。
回憶往事恍如夢，重尋夢境何處尋？
人隔千里路悠悠，未曾遙問心已愁，
請明月代問候，思念的人兒淚常流。
月色濛濛夜未盡，周遭寂寞寧靜。
桌上寒燈光不明，伴我獨坐若孤寒。
人隔千里無音訊，欲待遙問終無憑，
請明月代傳信，寄我片紙兒慰離情。

　　民國三十八年之前，在上海與周璇、姚莉、白光齊名的老牌歌星吳鶯音，二〇〇二年底來台灣，與另一位在香港發跡的低音歌后潘秀瓊聯合舉辦三場「金曲傳神50年演唱會」。由於這是吳鶯音首次在台開唱，再加上免費為老人舉辦，歌迷反應相當熱烈，索票不易。主辦單位又臨時加唱一場，滿足老歌迷的需求。

　　吳鶯音唱紅的歌曲不計其數，這首由劉如曾譜曲填詞的「明月千里寄相思」，就是她的招牌歌曲之一，無論在何地演唱，都有歌迷指定要唱此曲，但是她本人卻不偏愛此曲，認為曲調並不美，當年要不是劉如曾不斷慫恿她灌錄，「明月千里寄相思」很可能沒沒無聞。吳鶯音其他膾炙人口的歌曲還有：「岷江夜曲」、「聽我細訴」、「斷腸紅」、「我有一段情」、「南風」、「紅燈綠酒夜」、「恨不鍾情在當年」、「郎如春日風」等，都是小老百姓百聽不厭的歌。

1957年，吳鶯音來香港收取唱片版稅，同時灌錄「我有一段情」，當時很多人都勸她留在香港，吳鶯音沒有答應，主要是家人都在大陸，她擔心連累家人，辦完事情即返回上海。

為興趣而唱

吳鶯音本名吳劍秋，一九二一年出生，上海人，她的父親是一位工程師，母親是一位著名婦產科醫生。吳鶯音在求學時期，即對唱歌發生濃厚的興趣，但家人並不鼓勵她朝這方面發展。十五、六歲，她就背著家人以「錢茵」這個藝名在上海大電台唱歌，每周六、日演唱，前後唱了四、五年之久。這是個沒有酬勞的工作，但吳鶯音並不在乎，主要是她喜歡唱歌。

抗戰勝利後，仙樂斯大舞廳舉辦歌唱比賽，目的在徵求駐唱歌星，高中畢業的吳鶯音跑去應徵，結果她以白虹演唱的「我要你」這首歌獨佔鰲頭，正式在舞廳駐唱。每天唱兩場，通常歌星唱兩首歌就能走人，吳鶯音不一樣，沒有六、七首是下不了台的，有幾次還唱了十首歌才下台，受歡迎的程度可見一般。當時她的父親每個月可賺四百元，這已是高所得，吳鶯音每個月卻可以淨賺一千元。

百代唱片公司為吳鶯音出版了四張個人專輯。

已退休的吳鶯音，2002年底，專程來台為老人義演，觀眾反應十分熱烈，不斷加演，滿足了老歌迷的需求。

一九四六年百代唱片邀請她灌唱片，第一張唱片「我想忘了你」就風靡大江南北，銷售量超過了當時最受歡迎的歌星周璇及姚莉。前幾年，國內歌手張信哲重唱這首經典歌曲，還特意請吳鶯音助陣。

爲了家人留在大陸

大陸淪陷後，上海時期的知名歌星包括姚莉、白光、張露、張伊雯等都到香港另起爐灶，吳鶯音留在上海，在兩岸不來往的那段歲月，吳鶯音的名字逐漸被大眾遺忘，一般人或許知道她唱紅哪些歌曲，卻不清楚她的狀況，甚至傳言她在文革中喪命。

一九五七年，吳鶯音以收取百代唱片版稅之名來到香港，在她停留香港的這段時間，與她合作最多的作曲家姚敏特別為她製作一張專輯，包括：「我有一段情」、「醉酒」、「南風」、「小倆口問答」等十首歌。當時老朋友勸她留在香港不要回去了，吳鶯音考慮再三還是決定回去。主要是她的家人留在大陸，如果她滯留不回，後果難以想像。

吳鶯音雖然返回大陸，但中共抵制流行歌曲，只好改唱紹興戲，並在由原先的百樂門舞廳改裝成的紹興戲院中表演。因觀眾仍不免聞曲叫好的習慣，最後被中共硬性規定不准再唱。文革期間，住在上海的吳鶯音曾遭抄家，並被囚禁一段日子，迫害甚慘! 直到一九七九年才獲得平反。

1983年，吳鶯音離開大陸，依親美國，這是她在赴美前，在香港與作詞家陳蝶衣合影。

2000年，吳鶯音在香港紅館與青山同台演出，雖然年事已高，唱起她的代表作，依然悅耳動聽。(青山／提供)

一九八四年，吳鶯音以探親的名義離開大陸，過境香港，轉赴美國。在香港期間她曾接受港視「歡樂今宵」訪問，並表示此生最鍾愛的歌曲是由徐朗作司譜曲的「我想忘了你」。據已故的詞家慎芝推斷，吳鶯音年輕時和徐朗可能有段戀情，所以特別難忘懷。

吳鶯音非常懷念台灣的友人，因此等她取得國外居留權後，就迫不急待地在一九九四年來台。當時她曾接受張菲的訪問，但是沒有唱歌，讓老歌迷十分失望；她一度計畫來台演唱會，可惜中途發生變故未成功，讓吳鶯音備感無奈。

吳鶯音儘管年歲已高，但寶刀未老，這些年經常在各地演唱。二○○○年九月，她在香港紅館舉辦告別演唱會，當眾宣布明年八十歲了，「到這個年齡一定要退休了。」就在她宣布退出舞台時，突然接到台灣邀請她為老人義演，吳鶯音顧不得前言，竟一口答應。她不否認，期待這天已經很久了，想不到終於一償宿願，能為台灣的歌迷獻唱。她興奮地表示，只要歌迷想聽哪首歌，她就唱哪首，絕不讓歌迷失望。

李麗華

影壇長青樹

李麗華是中國影壇少數兼具美艷、氣派、演技三絕、聲名不輟的藝人,她的歌藝也不錯,「天上人間」是歌迷百聽不厭的歌曲。

李麗華

1924年生

本名:李麗華

代表歌曲:天上人間、娘惹與峇峇、雪裡紅

樹上小鳥啼,
江畔帆影移,
片片雲霞停留在天空間,
陣陣薰風輕輕吹過,
稻如波濤柳如線……

影壇長青樹李麗華在四〇年代,主演過一部名叫《新茶花女》的電影:影片中有一首膾炙人口的插曲「天上人間」,由黎錦光譜曲,葉芳填詞,李麗華親自演唱。由於詞曲皆美,直到今天還不時在螢光幕上看見藝人演唱,是老歌迷百聽不厭的曲子。

出身梨園世家

李麗華是國內少數屹立影壇多年,兼具美艷、氣派、演技三絕,聲名始終不墜的藝人。她出生於民國十三年,因為是早產兒,啼聲似貓叫,母親遂以「小咪」喚她。這個乳名眾人皆知,到今天她近八十歲,熟人見面,仍以「小咪」稱呼她。

李麗華的父親李桂芳與母親張少泉,都是國劇名伶,是個典型的梨園世家。由於父親早死,全賴母親撫養長大,在生活的壓力下,李麗華十二歲即被送去學戲,曾下過功夫學習青衣,這對她日後轉入電影界有很大的助益,在她主演的電影中如《紅伶淚》、《閻惜姣》、《新啼笑姻緣》等,都曾亮出漂亮的京劇唱功,特別是《紅伶淚》,她不但唱,還有武打戲,相當精彩。

1956年，李麗華赴美與維多·麥丘（左）合演《飛虎嬌娃》，該片以陳香梅、陳納德的情史為藍本，李麗華是華人在好萊塢擔任女主角的第一人。

1957年，李麗華與嚴俊結婚，並飛來台灣度蜜月。

1956年，李麗華與王引合演《海棠紅》（又名「血染海棠紅」），李麗華扮相迷人，任誰都忍不住多看兩眼。

李麗華雖然不是歌星出身，但是由於嗓音甜美，再加上早年電影無片不歌的要求下，灌過不少風靡一時的流行歌曲，像「雪裡紅」、「小白菜」、「琵琶怨」等，都是老歌迷耳熟能詳，百聽不厭的，其中以「天上人間」流傳最久。另外，她在踏入影壇初期也灌錄不少唱片，像電影「青春烈火」的插曲「並肩遊」、「海闊天空」、「巫山盟」中的「美麗的回憶」等，都已失傳。一九九五年，李麗華還親自邀請台灣的歌手青山，同台合唱她在四十年前主演的電影《娘惹與峇峇》中的主題曲。據當地的新聞報導，年事已高的李麗華，舉手投足之間，依然充滿魅力，風韻不減當年，「長青樹」實非浪得虛名。

李麗華與台灣的淵源相當長久，從民國四十三年起，李麗華即經常來台訪問，甚至四十六年十二月十日，她和嚴俊結婚，

還專程飛台度蜜月,當時蔣公及副總統陳誠還分別在官邸接見這對銀色夫婦。蔣公並鼓勵兩人多拍些對社會國家有益的電影,這是他們夫妻認為是生平最光榮的事。民國五十六年,香港發生左派暴動,李麗華舉家遷來台灣,隨後並在台灣拍片。嚴俊也把事業移到台灣,與國內電影公司合拍《一隻鳳凰一隻雞》,後改名為《金玉滿堂》。嚴俊因工作忙碌,心臟病復發,在台大醫院昏迷三天,蔣公得悉,特派私人醫師為嚴俊診治,李麗華感激得熱淚直流。蔣公過世時,夫妻兩人還專程自美國回台奔喪。

民國五十八年,李麗華以《楊子江風雲》二度獲得金馬獎最佳女主角(第一次是民國五十四年的《故都春夢》),當時她已四十五歲,依舊美艷動人。環顧國內影壇,能夠像她這樣聲名歷久不衰的,著實有限。此片由大導演李翰祥掌舵,李麗華在劇中飾演抗日游擊隊長卓寡婦,改變以往造型,不時口吐三字經,與楊群飾演的死間王凡,有一似介乎姐弟與戀人之間的感人戀情。李麗華把這個角色發揮得淋漓盡致。此片推出後,立刻掀起國內拍攝間諜片的風潮。

這是李麗華在《楊貴妃》中的造型。

出身梨園世家的李麗華自幼學習京劇，嗓音甜美，扮相俊俏，這是她於1970年在國軍文藝中心演出《拾玉鐲》，連演三天，場場爆滿，造成一票難求的盛況。

李麗華在台期間，最讓戲迷津津樂道的一件事，就是參加由中華文化復興運動推行委員會為籌募京劇基金舉辦的義演。當時參加演出的都是名噪一時的菊壇人物，包括：杜月笙的兩位如夫人孟小冬和姚香谷、顧正秋、胡少安、周正榮、哈元章、馬驪珠等。李麗華在港曾多次粉墨登場，在台還是首次，當時她已多年沒有演出京劇，應邀後心裡十分恐慌。擔心辜負戲迷對她的期望，她準備了一齣做工較重的花旦戲《拾玉鐲》。結果三天的演出，造成一票難求，場場客滿的盛況。李麗華珠圓玉潤的程派唱腔，讓戲迷看得大呼過癮。

李麗華的扮相宜古宜今，演兇悍的女人也很出色，這是她在《黑狐狸》中的扮相。

李麗華能夠飾演各種不同的角色，這是她在《秦香蓮》（左上）、《梁山伯與祝英台》（左下）、《觀世音》（右下）及時裝戲（右上）中不同的造型。

　　李麗華馳騁影壇四十年，拍過上百部影片，除了上述的影片外，較為觀眾熟知的還有：《楊乃武與小白菜》、《秦香蓮》、《楊貴妃》、《一毛錢》、《萬古流芳》等。其中夫導妻演的佔了好幾部。夫妻兩人除了電影成績讓人樂道外，他們節儉成性的個性，也是影迷茶餘飯後的聊天題材。由於兩人擅於理財，成了影壇著名的富公富婆。

民國六十年後，李麗華移居美國，呈半退休狀態，這期間她還演出由胡金銓導演的《迎春閣之風波》，又為台視主演過一檔連續劇「聖劍千秋」，民國六十七年，應凌波、金漢夫婦之邀，在《新紅樓夢》客串賈母一角，至此正式息影。民國六十九年，嚴俊病逝美國，李麗華在家過著含飴弄孫的生活。一直到民國八十二年，她才飛台訪問老友。當天各報都以大篇幅報導小咪姐訪台的新聞，媒體均以「風韻不減當年」形容這位縱橫影壇多年的長青樹。

一九九四年，李麗華以七十高齡居然灌錄了一張個人專集，把她早年唱紅的歌曲，包括：「小白菜」、「琵琶怨」、「第二春」、「孟姜女」、「春風秋雨」、「天上人間」等，重新詮釋一遍。最讓人佩服的

是，她痛下苦功，學習台灣語在專輯裡呈獻一首「友情值千金」的閩南語歌曲，令人記憶深刻。

李麗華目前定居新加坡，由於身體不是很好，因此盡量減少外出。

雖然歲月無情，但是老影迷永遠記著這位集演技、美麗、氣派的女星，她真是一位讓人懷念的藝人。

李麗華在《紅伶淚》中又唱又打，演技精湛，是她的代表作之一。

李麗華在《楊子江風雲》飾演卓寡婦，導演李翰祥正與她研究劇本，此片為李麗華贏得第七屆金馬獎最佳女主角。這是她第二度獲得金馬獎。

夜 來 香

吐露芬芳五十年

李香蘭

李香蘭自幼即愛唱歌，曾接受嚴格的聲樂訓練，又到北平學中文，因此唱起國語歌曲，字正腔圓，歌聲繞梁。作曲家姚敏曾表示，李香蘭來唱國語歌曲，大大提升了國語歌曲的水準。

1920年生

本名：山口淑子

代表歌曲：夜來香、海燕、三年、小時候、恨不鍾情在當年

那南風吹來清涼，
那夜鶯啼聲淒愴，
月下的花兒都入夢，
只有那夜來香吐露著芬芳……

　　不管是年長或年少，幾乎每個人都會哼唱一兩句這首膾炙人口的「夜來香」。這首歌曲是民國三十三年，百代唱片公司邀請上海的作曲家黎錦光，按照「賣糖歌」（電影《萬世流芳》插曲）的旋律譜寫的曲子，由李香蘭演唱。時隔五十年，依然可以在港台兩地的電視上看到有人演唱這首歌，國內至少有二十位歌星曾將它灌成唱片，現代歌手陶喆也是其中之一，受歡迎的程度可見一斑。

　　中國民謠小調本來就有「賣夜來香」和古歌「夜來香」，黎氏在創作新曲時，雖然有所參考，但旋律和節奏完全採用歐美風格，譜成了輕快的慢倫巴，後半部則選用中國音樂風格。

道地的日本人

「夜來香」推出後風靡上海,從民國三十三年到中日抗戰結束,上海最受小市民歡迎的歌曲,除了「賣糖歌」、「薔薇處處開」、「大鼓歌」外,就屬「夜來香」最拉風。李香蘭是中國流行歌曲歷史上,一位非常特殊的人物,她和中國的音樂文化有著很深的淵源。

本名山口淑子,民國九年出生在東北撫順的李香蘭,是道地的日本人,她的父親山口文雄當時正在東北工作。「李香蘭」是她中國籍的乾爹李際春為她取的中國名字,日後她加入表演行業,就以李香蘭為藝名。

這張珍貴鏡頭難得一見,有四十五年的歷史;左二是李香蘭,右二是著名作家賽珍珠,前面的小女孩是翁倩玉。當時正在拍攝改自賽珍珠同名小說《大波浪》。

李香蘭自幼即愛歌唱,曾追隨義大利女高音瑪達姆學聲樂,接受嚴格的女高音訓練,又到北平學中文,因此唱起國語歌曲字正腔圓、歌聲繞樑。不獨歌迷為之傾倒,更令不少歌手折服,當年周璇、白光、姚莉都曾到錄音間觀摩李香蘭唱歌。

李香蘭在錄製「夜來香」時,曾發生一段插曲:當天黎錦光拿起指揮棒,輕快的前奏曲立刻傾瀉而出,李香蘭正準備大展歌喉時,突然看到錄音室玻璃窗外的監聽室有一位可愛的女郎,正目不轉睛的看著她,李香蘭吃了一驚,不由得叫了一聲:「哎呀,周璇來了!」

周璇自民國二十六年主演《馬路天使》後,成了上海炙手可熱的紅星,她主唱的「四季歌」、「何日君再來」、「天涯歌女」、都成了熱門的流行歌曲。李香蘭一直很崇拜周璇,想不到兩人初次見面,竟然是在錄音間。由於李香蘭大叫一聲,錄音失敗。但之後兩人成了好朋友,經常一起吃飯、喝茶,研究歌唱。任誰也沒有料到,日後兩人的際遇竟有如此大的差別。

李香蘭灌的歌曲有「別了,上海」、「紅睡蓮」、「賣糖歌」、「戒煙歌」、「海燕」、「夜來香」、「恨不相逢未嫁時」等。數量並不多,但支支動聽,坊間傳唱不輟。一九三三年,李香蘭初次登台,當時她還是個不懂事的少女,可是她也和滿洲國一樣,是日本人一手炮製的「中國人」,日本人拿李香蘭這顆棋子來對付中國

人。這件事隨著李香蘭的成長而苦惱，她一直想退出舞台，當時很少人瞭解真相，中國人都以為她是中國人，直到戰後，還有很多人如此認為。一九四六年，李香蘭在上海接受審判，一度以文化漢奸入罪，在最緊張的當兒，她的家人委託一位蘇聯人──柳芭，送了一個李香蘭自幼保存的娃娃到獄中，在娃娃的腰帶裡，藏了一張汙漬的紙條，那張紙條就是李香蘭的戶籍副本，上面清清楚楚寫著：李香蘭是日本人。

李香蘭就是靠著這張證明，為自己洗刷漢奸的罪名，但是必須驅逐出境。

之後，李香蘭返回日本，初期仍是從事舞台表演工作，接著轉向政治舞台發展。五〇年代初，她曾到美國，演出好萊塢電影及百老匯歌舞劇。民國四十五年，應香港邵氏電影公司之邀，到香港拍攝《金瓶梅》、《一夜風流》及《神秘美人》等片，其中《一夜風流》的插曲「小時候」、「三年」，《金瓶梅》的插曲「蘭閨寂寂」等，都是小市民百聽不厭的歌曲。

金嗓金曲不了情

李香蘭本名山口淑子，演過四十四部電影，唱紅「蘇州夜曲」、「夜來香」、「三年」、「恨不相逢未嫁時」等多首經典歌曲，日據時代曾來台拍片，與周璇、白光、姚莉都有交情。作曲家姚敏過世，她還專程到香港哀悼，一生比戲還精彩，日本新潮社特別出版她的傳記《李香蘭私の半生》，詳細記錄她的一生。

《神秘美人》是李香蘭後期的作品。

李香蘭與「恨不相逢未嫁時」的作曲家陳歌辛過從甚密，差一點就要嫁給這位音樂才子。圖是1992年李香蘭到大陸訪問，與陳歌辛之子，也是「梁祝小提琴協奏曲」的作者陳鋼合影。（陳鋼／提供）

對中國懷有深厚的感情

李香蘭曾於民國七十四年來台訪問，當時她是日本參議員，台灣之行的目的，只是想與幾位老朋友聚聚。她刻意避開媒體，由友人陪同走了一趟陽明山，最後還是被記者發現。她不喜歡談政治，那是一段令人痛苦的記憶，她喜歡別人談她的歌。李香蘭對已故作曲家姚敏為她寫的曲子相當滿意。姚敏民國五十六年在港過世，李香蘭還專程到港哀悼，見到姚敏的妹妹姚莉時，還上前摟著對方，陪姚莉一起流淚。

曾經，李香蘭被中國人全然接納，所以至今，她也對我國有深厚的感情。前幾年，日本僑社在東京舉行雙十國慶活動，李香蘭就多次以旅日華僑身分參加──她拿著中華民國的國旗，與翁倩玉、歐陽菲菲同台演唱國語歌曲，相當引人注目。李香蘭常說：「日本是她的祖國，中國是她的故國。」由此可見，她和中國的關係之深。

李香蘭現在也已離開政治舞台，前幾年的消息是她應日本天理大學之邀，在該校國際文化學院講授「中國文化研究」（目前已退休）。從這裡不難發現，李香蘭確實對中國有一份難以割捨的感情，而她的「夜來香」、「三年」、「蘭閨寂寂」也將時時縈繞在中國老歌迷的心中，歷久彌新。

歪歌鼻祖

張 露

1932年生

本名：張秀英

代表歌曲：給我一個吻、迎春花、藍色的探戈、不許他回家

給我一個吻，可以不可以
吻在我的臉上，留個愛標記。
給我一個吻，可以不可以
吻在我的心上，讓我想念你。

杜德偉的媽媽

這首翻譯西洋歌曲 Seven Lonely Days，中文歌名叫「給我一個吻」，是老牌歌星張露當年唱紅的招牌歌曲之一。年輕一代的歌迷也許不知道張露是何許人也？但是提到偶像歌手杜德偉，相信一般人都不會陌生，張露就是杜德偉的母親。杜德偉會踏入歌壇，受母親影響很大，杜德偉一度猶豫要不要加入歌壇，由於母親的鼓勵，杜德偉才正式選擇歌唱為職業。

張露唱紅的歌曲不少，像「小小羊兒要回家」、「不許他回家」、「容易記起你」、「蜜月花車」、「靜心等」，還有每年過年藝人必唱的「迎春花」等，都是老歌迷耳熟能詳的。但是張露對「給我一個吻」似乎情有獨鍾。一九九一年十一月二十八日，

香港電台主辦一場「舊日情懷音樂會」，地點在九龍紅磡區的體育館，久未露面的張露應邀重現江湖，由她的兩位少爺杜德智、杜德偉引導她出場。張露第一首就以中英文演唱這首曲子。並且說，這首歌雖然唱了四十多年，他今天仍然熱愛無比。母子倆還合唱，場面相當感人。（最近張露重新灌錄此曲，收錄在她新出版的CD裡。）

張露原名張秀英，蘇州人，自小喜歡歌唱。十四歲那年父親去世，她跟隨母親移居上海。兩年後，她的歌唱天才被在電台工作的鄰居發現，請她在電台客串，反應極佳，從此被邀入團，沒有多久，就受到百代唱片的注意，灌錄了「小巷春」及「關不住」兩首歌，深受歌迷喜愛，從此成為百代的簽約歌星。之後她又灌錄了「你真美麗」、「褪了色的夢」、「露珠和薔薇」等，都成了當時風行一時的流行歌曲，國內有多位歌星將這三首歌灌成唱片。

走紅歌壇的張露，很快受到上海各大夜總會邀請，分別在「紅棉酒家」、「蘿蘭咖啡館」等地獻唱。當年常在上海西藏路上跑的朋友，幾乎無人不識張露，對她嘹亮的歌喉更是印象深刻。

張露還有一個特色。記得民國六十六、七年，歌星高凌風唱了許多奇特的歌曲，像「姑娘的酒渦」、「泡菜的故事」等，被衛道人士視為歪歌，高凌風也得了一個唱「歪歌」的名號。但是很少人知道，在我國

歌壇上，張露才是所謂的唱歪歌的鼻祖。想想看，在四、五十年前，民風還很保守時，張露就敢明目張膽，大唱「給我一個吻」這麼露骨的歌，說實在，初聽這首歌的民眾，只能拿「瞠目結舌」來形容。

「給我一個吻」歌詞中有這樣幾句「縱然瞪著你眼睛，你不答應，我也要向你請求，決不灰心。縱然閉著你嘴唇，你沒回音，我也要向你懇求，決不傷心，給我一個吻，可以不可以，飛吻表示甜蜜，我一樣感謝你。」這種極盡挑逗的歌詞，當時不知讓多少人側目。因此，當「給我一個吻」由香港登陸台灣，沒有多久就被有關單位以歌詞不雅遭禁。張露還有一首罵禿子的歌曲叫「小癩痲」，同樣也以歌詞粗俗遭禁。如今看來，覺得並沒有什麼！

The Legendary Chinese Hits Vol.35

百代‧中國時代曲名典

張露

不許他回家

Pathé

EMI 百代

張露的小調歌曲「不許他回家」，灌錄於1962年間，此曲紅遍東南亞，堪稱是張露的代表作之一。

能歌善舞又好學

　　除了張露唱歪歌創意十足，她本人對歌唱非常投入，而且十分好學，許多音樂和文化方面的知識都由自學而來。在灌錄唱片過程中，她往往會主動發掘歌曲材料。六〇年代初期，張露開始對日本歌曲發生興趣，除學習日語外，並多次遠赴日本蒐集資料，「蘋果花」、「打魚忙」、「紅睡蓮」、「賣花生」等歌曲，都是她蒐集的結果。不只如此，張露還會唱英文歌及地方民謠，在歌壇上張露有她一定的地位。值得一提的是，一般人大都以為「蘋果花」是資深歌手楊燕的招牌歌，是楊燕將這首歌唱紅的。殊不知在三十年前，張露就唱紅此曲，而且先後灌錄過兩次唱片，之後此曲才流傳到台灣。

　　張露與已故台視「群星會」製作人慎芝私交甚好，早年，張露多次應慎芝之邀，來台參加「群星會」的演出，同時在中央大酒店駐唱多時。身材嬌小的張露，不只歌唱得好，舞也是一流的，多年前，也就是杜德偉尚未踏入歌壇前，張露經常帶著兒子到舞廳去跳狄斯可。但是舞跳完後，張露總是對兒子說：「你不可以因此而鬆懈，書還是要好好念的。」開明的媽媽也有嚴格的一面。

　　在香港，張露很少上電視，特別是從民國七十年以後，她幾乎從媒體上失蹤了。不但不上電視，不接受訪問，即使電話訪問也謝絕。張露表示，電視是讓新人出頭的地方，等三、四個鐘頭才錄影，讓年近七十的她老人家實在吃不消。其次，對現代歌曲她也說不上感情，總覺得難以融入。

張露的歌藝好，各種舞一學就會，是一位多才多藝的藝人。

張露與好萊塢大明星卡萊‧葛倫合影。

張露被歌壇視為歪歌鼻祖,她的「給我一個吻」、「小癩痲」,當年受到不少衛道人士的批評。

　　她不承認是自己老,也不承認是趕不上時代,只是覺得現代的流行歌曲很難讓人感動。她情願跟老朋友,像崔萍、席靜婷一起喝下午茶。有時候老朋友在歌廳閒聊,談得起勁時,還會要求樂隊奏幾首當年她們唱紅的歌曲,老朋友一起合唱過過癮。這個時候你去找張露聊天,她會透露許多早年的歌唱趣事,暫時把不接受訪問這個原則擱在一旁。

張露在上海時期即走紅，到了香港歌藝更寬廣。

這是五〇年代中期，張露非常暢銷的一張專輯。

百代唱片重新出版張露的精選集，專集中並添加1999年全家總動員合作灌錄的「再給我一個吻」。

張露走紅於上海時期，這是她在上海拍的照片。

香港
Hong Kong
時期

林　黛

一曲「戲鳳」憶佳人

林●黛

1934年出生

本名：程月如

代表歌曲：牧羊歌、雪山盟、杏花溪之戀

人瀟灑，性溫存，
若有意，似無情，
不知他家何處，不知他何姓名，
倒叫我坐立難安，
睡不寧……。

聽到這首當年紅極一時，現在綜藝節目經常「搬演」的黃梅調經典之作「戲鳳」，就會想到有著一雙懾人心魂美目的林黛，林黛在影藝事業巔峰的盛年自殺身亡，留下無限的遺憾和一連串關於她死因的「謎」，有些兒像性感巨星瑪麗蓮夢露，直到今日仍然令人懷念至深。

亦演亦唱紅透半邊天

這首膾炙人口的「戲鳳」，是民國四十八年香港邵氏公司出品的電影《江山美人》中的插曲，由王純譜曲，李雋青填詞。

《江山美人》由李翰祥掌鏡，林黛、趙雷、胡金銓、楊志卿等人演出，如今全部俱已作古。《江》片的故事骨幹，前半部是京劇《遊龍戲鳳》的劇情，後半部又換成另一齣京劇《驪珠夢》，全是通俗演義中的情節，談不上什麼歷史依據。當年能夠打破國內中西十大賣座票房紀錄，除了林黛是紅透半邊天的明星外，影片中的插曲支支動聽，也是主要原因。

《江山美人》的插曲除了「戲鳳」外，還有「扮皇帝」、「天女散花」等，分別由著名歌星席靜婷及江宏代唱。在這之前，林黛演過不少歌唱片，如處女作《翠翠》、之後的《梅姑》、《金鳳》、《金蓮花》、《有口難言》、《菊子姑娘》等，影片中都有多首歌曲，但都由一位名叫王若詩的代唱，久而久之，大家遂以為林黛不會唱歌。

其實林黛會唱歌，也灌過唱片。根據香港百代唱片公司出版的《中國時代曲名典》策畫、選曲人黃奇智表示，林黛初期主演的電影，影片中的插曲是由旁人代唱，等正式灌唱片時，就由林黛本人主唱，主要是林黛比代唱人知名、有賣點。

婚前婚後風風雨雨

林黛的歌聲憨樸、自然，缺點是沒有技巧，聲音直直的、不會轉彎，她總共灌錄了近三十首歌曲，很多都是近幾年才出土，像「杏花溪之戀」，以前大家都以為這是青山、婉曲的歌曲，殊不知林黛是原唱人，而且是獨唱。另外還有「雪山盟」、「熱烘烘的太陽」、「有口難言」都是林黛主唱的歌曲。民國四十六年後，林黛就很

林黛出道時，絕大多數的影片都與嚴俊合作，從《翠翠》、《金鳳》、《吃耳光的人》、《梅姑》、《亡魂谷》等，兩人出雙入對，儼然一對情侶。原以為「天從人願成佳偶」，又誰知「姻緣簿上名不標」，這是兩人在《金鳳》中的鏡頭。

少灌唱片，電影中的插曲大部分由席靜婷代唱，像「王昭君」、「江山美人」、「燕子盜」、「藍與黑」等。

《江山美人》於民國四十八年春節在台上演，在沒有任何前兆下，林黛竟隨片登台。林黛這次來台，主要是她當時正與雲貴督軍龍雲的兒子「雲南王」龍繩勳（人稱龍五）熱戀，親朋好友都勸林黛不要被愛沖昏了頭，以免步上周璇的路。

林黛在認識龍五之前，曾和演員兼導演的嚴俊出雙入對。當時林黛十八歲，嚴俊三十五歲。嚴俊執導了一部由美國著名小說《蝴蝶夢》改編的《梅姑》，劇情即描述少女家庭教師愛上中年男主人。林黛和嚴

俊這對相差近二十歲的男女，由於經常接觸，很自然地墜入情網。可惜這份「友情」只維持四年，因為彼此個性差異太大，一個生性節儉，一個出手大方，最後終於分道揚鑣。嚴俊後來投向李麗華的懷抱，兩人於民國四十六年結為連理，好強的林黛受創頗重，決定暫時告別影壇。

林黛自我要求甚高，1958年，也就是她兩度獲得亞洲影后後，特別進入美國哥倫比亞大學戲劇系，當了半年的旁聽生，充實電影理論。這趟美國之行，林黛結識了他的真命天子龍繩勳。兩人相愛於紐約，締婚於香港；婚後卻因家庭事故，時有爭吵，好強的林黛遂走極端，結果弄假成真，一代紅顏，就此香消玉殞，留給影迷無限的哀傷！

第二年，林黛前往美國，到哥倫比亞大
學戲劇系，當了幾個月的旁聽生。在這裡
她遇見了龍五，也改變了她的一生。龍五
凌厲的攻勢，讓感情受困的林黛招架不
住，但是她周遭的朋友都反對她與龍五交
往，說他是典型的花花公子，花錢像流
水，同時又相當左傾，這種人怎麼能夠長
相廝守。由於說的人太多，林黛也有點動
搖，但是她又不願承認自己的眼光有誤。
為了冷靜思考這個問題，她接受朋友的建
議，到台北度個假，同時隨她主演的《江
山美人》登台。

林黛在人生高潮中遽爾輕生，但是誰能忘得了她的美目
盼兮，巧笑倩兮，這是她分別在《王昭君》、《貂蟬》、
《江山美人》中的扮相。

1959年農曆春節，林黛曾秘密來台，對外表示是為她的電影《江山美人》助陣，實際是想緩和一下與龍五的戀情，這是她抽空上中廣丁秉鐩主持的「猜謎晚會」節目。

《不了情》讓林黛第四度獲得亞洲影展后冠。

　　或許是命中註定，林黛最後還是嫁給了龍五。婚後的生活，並不如事前想像的美好，再加上她名氣大，難免會引來閒言閒語，聽在龍五耳裡，很不受用。同樣地，龍五在外面的行為，也讓林黛很不開心，夫妻和和吵吵，給娛樂圈增添不少話題。

紅顏最薄命？

　　除了家庭因素外，林黛的巨星地位也岌岌可危。民國五十二年，凌波以《梁祝》一砲而紅，所有的焦點全部集中在她身上，飾演祝英台的樂蒂受不了這種冷熱待遇，跳槽國泰。邵氏首席紅星林黛當然也忍不下這口氣，她要以自己既有的聲勢，與凌波一較長短。

　　可惜天不從人願，那時間林黛主演的電影，無論票房及水準都比早年的作品差。林黛在拍《寶蓮燈》時，心情極端惡劣。《寶蓮燈》裡的男主角，導演岳楓原屬意凌波反串，林黛不肯，於是改由鄭佩佩反串。林黛除飾演聖母，還堅持反串十五歲的沈香。當時她已三十歲，身材略顯發福，無論如何巧扮，也顯不出沈香少年俊拔的韻味。邵氏最後沒有推出此片，這是林黛唯一未公映的電影(此片曾在香港上映，票房極佳)。

從《翠翠》、《金鳳》起，林黛主演了一系列的歌唱片。圖中是她在《漁歌》中的扮相。

林黛很喜歡粵片童星馮寶寶(左)，收她為義女。

著整齊的西裝，卻足蹬中國傳統式的黑布鞋，他是那種披著西服，內心卻深植中國根的人。

他對瀚瀚（林黛、龍五之子）非常嚴厲，完全是斯巴達教育。在這個家中，女主人是個禁忌的話題，沒有人會在男主人面前提到她。而龍五內心卻承受著椎心泣血的悔與慟，在林黛自殺的頭幾年，他一直相信林黛只是跟他開一個玩笑，很快就會沒事了。未料，這個玩笑竟讓夫妻天人永別。

民國五十三年，在婚姻、事業都不盡如意的情況下，林黛突然以煤氣自殺身亡，當時她正在拍攝《藍與黑》，其實她並不想死，只想嚇嚇龍五，豈料人算不如天算，林黛在遺書上寫著：「勳，萬一你要救我，請不要送我到公眾醫院，如此全香港的報紙都會當笑話一樣登了。」不少影迷懷疑龍五和林黛的死有關，是不是龍五害死了她？或者不肯救她？聽說當時龍五另有新歡，總之各種揣測出籠，大家很難接受林黛就這樣走了。

龍繩勳是個很特別的男人，他永遠穿

林黛死後，龍五接到許多影迷惡毒的咒罵，他從不辯解。當時不少人預言龍五很快就會再娶，但是龍五直到今天仍孑然一身。

走進林黛香港的家，就像走進一個時空錯亂的年代，所有的家具都是保持四十年前、林黛生前一手安排的樣子，從不曾動過。化粧台上還保留林黛拍戲用過的粉盒和唇膏，甚至她結婚穿的婚紗也完好如初地掛在衣櫥裡。

香港無線台在一九八三年左右，曾拍攝「星塵」電視劇影射林黛，結果被龍五一狀告到法院，理由是該劇醜化了林黛的母親，也就是他的岳母。早年龍五與岳母不和，但是為了保護岳母的形象，龍五不惜打官司，可見很多事情的真相都不能憑想像去揣測的。

林黛葬在跑馬地天主教墳場，直到今天仍有影迷到她的墓前獻花致意。大導演李翰祥生前曾感嘆林黛是影壇少見的明星，幾十年都碰不到一個，可惜太早離開人間。是的，林黛死得太早，留給影迷無限的懷念，她是永遠無可取代的。

林黛共獲得四次亞洲影后。

林黛在影壇的時間不算長，但留下許多經典作品。

《藍與黑》尚未拍完，林黛就自殺了。

永遠的玉女

尤敏

> **1935年生**
>
> **本名：畢玉儀**
>
> **代表歌曲：壽比南山、媽媽要我早出嫁、馬神廟許願**

金嗓金曲不了情

人人喜歡香港地，香港晚上夠迷人，
小船搖在大海邊，燈光湧進眼兒裡，
記得從前到此地，直到今天忘不了，
如今舊地再重遊，要把美景看個夠。

　　這是民國五十一年，玉女明星尤敏與日本東寶影業公司紅星寶田明主演的電影《香港之夜》中的主題曲，由李雋青填詞，日人松井八郎作曲。掌鏡的東寶公司把當年雜亂無章、彈丸之地的香港，拍得如詩如畫，讓香港人也大吃一驚。片中寶田明和尤敏坐在一艘手搖的舢舨上，舢舨搖晃在波光粼粼的海面上，遠遠的背景中萬家燈火閃爍，加上尤敏那情竇初開，含情默默的微笑，真是美極了。

　　事隔四十年，尤敏那恬靜典雅的玉女形象，不因時間久遠而褪色，依舊留在影迷的心中。但是這位讓人懷念的玉女明星，不幸在八十五年（一九九六）十二月二十九日因心臟麻痺過世了。這是繼近年來林翠、趙雷、羅維、李翰祥後，影壇又一巨星殞落（導演胡金銓也於隔年的元月十四

樸素淡雅、嫻靜端莊，戲裡戲外，尤敏給人的氣質始終如一，她是影迷心中永遠的「玉女」。

日過世），令影迷無限唏噓！

清新脫俗，氣質傲人

　　尤敏本名畢玉儀，民國二十四年出生，廣東花縣人，父親是香港著名的粵劇名人，藝名白玉堂。尤敏自幼曾跟父母學習粵劇，但興趣不大，家人也沒有強迫她做這一行，由於父母長年忙於演出，無暇照顧她，便把她寄養在澳門的外婆家。少女時代的尤敏，害羞沈默，誰也沒有料到日後她會在影壇大放異彩，成為香港第一個既是亞洲影后，又是金馬影后的演員。

尤敏踏入影壇頗富傳奇色彩，十九歲那年有一次她從澳門回港，無意間被邵氏公司老闆邵邨人發現，認為小妮子清新脫俗，是演戲的好料，立刻打電話給白玉堂邀尤敏演戲，尤敏便應邀加入邵氏，第一部片子就擔綱做女主角。

尤敏的處女作是與王豪、黃河合作的《玉女懷春》，尤敏飾演一位清純的女學生，但是這部影片的成績不理想，邵氏最後下令禁演。接著她又演了《明天》、《黑手套》、《人鬼戀》、《馬戲春秋》等二十多部影片。當時流行在影片中加插歌曲，尤敏也不能免俗，在《夜落烏啼霜滿天》演唱「馬神廟許願」及「燒水歌」。在《明天》中唱了「我愛聽鐘的聲音」及「花之

十九歲的尤敏清新脫俗，令人憐愛，任誰也沒有料到，個性害羞沈默的佳人，日後會在影壇大放光彩。

尤敏是影壇最早獲得亞洲影后與金馬獎最佳女主角雙料后冠的明星。

歌」；在《馬戲春秋》唱了「自由的天堂」與「壽比南山」。其中「壽比南山」經常在電台播放，主要是點播的人多，它成了當時祝壽歌中最受大眾歡迎的一首曲子。尤敏唱的歌曲不多，估計約有十餘首。

尤敏自一九五二年從影，活躍影壇十三年，前七年隸屬邵氏公司，之後加入電懋公司（後改為國泰影業公司）。尤敏膾炙人口的名片，都是後期在電懋所拍。像《玉女私情》、《家有喜事》、《無語問蒼天》、《小兒女》、《珍珠淚》、《星星、月亮、太陽》、《深宮怨》等。其中《玉女私情》及《家有喜事》獲得亞洲影展第六、七兩屆最佳女主角寶座，《星星、月亮、太陽》使她成為第一屆金馬獎影后。

民國四十八年，電懋旗下巨星如雲，能夠獨當一面的女星就有葛蘭、林翠、葉楓、李湄等人；可是電懋卻對尤敏另眼相待，主要是尤敏與眾不同的氣質及她楚楚動人的模樣，不只男影迷喜歡，女影迷也一樣支持。電懋除了為尤敏「量身製作」影片外，更積極將她推向國際舞台。因此民國五十一年，日本東寶影業公司有意與電懋合作拍攝《香港之夜》，尤敏便出任該片女主角。

《香港之夜》的劇情淒美動人，再加上尤敏惹人憐愛的外型和演技，影片推出後，各地票房均傳出捷報，尤敏一舉走紅東瀛。兩家公司打鐵趁熱，再拍攝一系列《香港之星》及《香港東京夏威夷》等影片，同時把外景隊拉到日本北海道及夏威夷，以更開闊的視野及美景來吸引觀眾，果不其然又賣了個滿堂彩，日人甚至把尤敏當成「日本的尤敏」。

尤敏與寶田明合作《香港之夜》，票房奇佳，尤敏成了日本人最愛的中國明星。

尤敏在《星星、月亮、太陽》與日後成為妯娌的葛蘭分飾星星與月亮；尤敏飾演星星阿蘭，雖然家境貧困，但是不嫉不怨。葛蘭（左）飾演溫婉明亮的月亮秋明。

《星星、月亮、太陽》為尤敏贏得第一屆金馬獎最佳女主角；影壇硬漢王引以《手槍》一片獲得男主角獎。

急流勇退，深居簡出

東寶為了力捧尤敏，不遺餘力地投下大把鈔票為尤敏宣傳造勢，甚至製造尤敏與寶田明熱戀的消息。正當影迷津津樂道兩人的花邊新聞時，東寶著名的製片家藤本真澄也公開表示，對尤敏一見鍾情。尤敏與日人虛虛實實的「櫻花戀」，吸引了中日許多影迷的關注。

除了寶田明與藤本真澄外，憂鬱小生雷震也被傳說是尤敏的追求者。尤敏加入電懋後，與雷震搭檔演出的次數最多，兩人傳出戀情，也是順理成章。甚至傳言，尤

敏從日本拍片回來，雷震擔心夜長夢多，曾向尤敏求婚，尤敏也答應了。

這條新聞見報後，日人極度關心，當時美聯社駐日本記者特別為此事拍電報向尤敏求證。尤敏立刻回電，表示沒有這件事，是報紙誤傳。美聯社日本分社記者不放心又向美聯社香港分社查證，直到香港美聯社發布消息，日人才相信尤敏尚未嫁人。

尤敏宜古宜今，戲路十分寬廣，這是她與李麗華主演《梁山伯與祝英台》、尤敏飾演祝英台。

一九六四年，電懋投下鉅資推出一部大型古裝片《深宮怨》，尤敏飾演明末清初秦淮河畔四大名妓之一的董小宛。尤敏的閨中好友林翠、葛蘭在此時相繼成婚。不知是否受此影響，拍完火燒後宮、董小宛香消玉殞、順治皇帝削髮為僧的結局戲後，尤敏就閃電宣布結婚，當時引起很大的震撼。

尤敏婚後立刻退出影壇，從此相夫教子，深居簡出。她在當紅時，急流勇退，堅不復出，令影迷相當懷念。民國七十年第十八屆金馬獎，主辦單位特別邀請尤敏擔任頒獎人，這是她息影十七年首次公開在影劇圈露面。當她一出場就獲得如雷的掌聲，證明尤敏仍然受到影迷的喜愛，「玉女」之名永遠留在影迷的心中。

尤敏的玉女形象，至今仍難有女星堪與媲美。

尤敏在《深宮怨》中，飾演董小宛；當她拍完火燒後宮、董小宛死亡、順治削髮為僧的結局戲，未等影片上映，即閃電結婚，當時引起極大的震撼。

尤敏與夫婿高福球來台觀光。

夢裡相思

憶

崔萍

1938年生

本名：崔秀蘭

代表歌曲：夢裡相思、南屏晚鐘、今宵多珍重、丟不了的情意、我在靜靜地等你

我有訴不盡的情意，
每晚在夢裡呼喚你。
我倆千山萬水分離，
兩地相思夢牽繫。
我有訴不盡的悲淒，
寄託在夢裡帶給你。
雖然千山萬水隔離，
但願在夢裡相依。

　　中年以上的人，對這首由姚敏作曲，洪流填詞，歌星崔萍唱紅的「夢裡相思」，大概都不會陌生。這首歌曲推出至今，已有整整四十五個年頭，如今聽來，依然餘音嬝嬝，主唱者崔萍，更是五十年代極少數在眾多的香港夜總會中紅遍香江，風靡台灣的歌星。

　　崔萍原名崔秀蘭，原籍江蘇，在東北哈爾濱出生。她在十三歲那年（一九五〇）隨家人移居香港，十五歲時第一次從「麗

的呼聲」廣播的歌曲節目中接觸到國語流行歌曲，從此對流行歌曲產生極濃厚的興趣。一九五四年黃卓漢主辦的自由電影公司在港招考新人，崔萍跟日後成為紅星的林翠、丁瑩同時被錄取，但是她的父親反對她演電影，因此無緣在銀幕一顯身手。後來在一次偶然機會中，崔萍在當時香港最大的大華飯店歌廳，以業餘歌手姿態客串演唱，立刻被星探發現，認為是難得的好歌手，極力遊說她正式登台獻唱。

　　崔父見女兒對歌唱這麼有興趣，於是同意她登台。但是約法三章，不許女兒染上歌台舞榭的壞習慣，由於家教甚嚴，崔萍踏入歌壇多年，始終以端莊的形象獻藝，而且演唱的歌曲幾乎都是抒情歌。

勞軍唱出招牌歌

　　十八歲那年，崔萍在作曲家王福齡（電影《不了情》主題曲及電影《藍與黑》插曲「癡癡地等」作曲人）的介紹下，加入由作家李厚襄（此人寫過不少名曲，最著名的就是為白光寫的「魂縈舊夢」）主持的飛利浦唱片公司，第一首灌錄歌曲是電影《戀愛與義務》的插曲「小巷之春」，成績不俗，之後兩位作曲家分別為崔萍寫下許多叫好叫座的曲子，像「今宵多珍重」、「臉兒甜如糖」、「溜走了愛情」等，使崔萍在短短幾年間，立刻紅了起來。

　　當年崔萍的「夢裡相思」在台灣特別轟動，街頭巷尾經常可以聽到這首纏綿悱惻的歌曲。這首歌早是由老牌歌星鄧白英演

唱，為什麼後來又成為崔萍的招牌歌呢？這中間還有一段插曲。民國四十六年（一九五七），崔萍與目前已成為邵氏電影公司總管的歌星方逸華等多位香港藝人到金門勞軍。這一批藝人在船上沒事，大家就輪流唱歌。根據崔萍的說法，在輪到她演唱前，她突然想起鄧白英唱的「夢裡相思」這首歌，認為這首歌詞曲皆美，很適合在舞台演唱，稍微練習一下，她就挑選這首歌曲演唱，同時在音樂間奏時，加上幾句感性的道白。

唱完後，大夥都認為她唱得相當動聽，特別是中間的道白部分，格外動人。經同伴鼓勵，在台灣勞軍期間，崔萍經常演唱這首曲子，受到戰士的熱烈歡迎，使崔萍在軍中擁有許多歌迷。不僅如此，勞軍活動結束後，台北的碧雲天、新南陽、高雄的四維廳，紛紛請她客串演出。原本來台勞軍的崔萍，未料在台一唱就是整整半年才回港，真是拉風極了。

崔萍家教甚嚴，踏入歌壇多年，始終以端莊的形象演唱抒情歌曲，她的「今宵多珍重」、「夢裡相思」、「南屏晚鐘」直到今天還讓人回味無窮。

熱愛唱老生

崔萍唱紅的歌曲相當多，除了「夢裡相思」外，還有「南屏晚鐘」、「深閨夢裡人」、「丟不了的情感」、「我在靜靜等你」、「相思河畔」等，特別是她的「今宵多珍重」在成功嶺造成很大的迴響；每晚入睡前，成千上萬的大專生，就等著收聽這首甜美的歌聲，大部分的學生都不清楚這首歌是誰唱的，但是每晚聽完這首歌，大家就心滿意足地進入夢鄉。這可能是崔萍及作曲人姚敏從來沒有料想到的事。

許多當年初上成功嶺接受軍訓洗禮的大專生，已記不得連隊教唱的軍歌，但是對臨睡前播放的「今宵多珍重」卻記憶猶新。事隔多年，談起成功嶺的種種，依然記得聽這首歌的歡愉心情。

崔萍除了走紅港台兩地外，在東南亞一帶同樣受到華人的歡迎。民國五十三年，崔萍到新加坡、吉隆坡等地演唱，一唱就是八個月。本來酒店老闆還要跟她續約，但崔萍離港太久，想念家人，老闆才同意放人。民國五十八年，中視開播，還專程請崔萍來台主持「每日一星」節目，台北歌廳得知此事，紛紛出高價聘請她到歌廳演唱。

除了歌唱，崔萍偶爾還參加電影客串演出。她曾應導演屠光啟的邀請，在古裝歌唱片《賣油郎獨占花魁女》演出。也曾應導演嚴俊的邀請，替李麗華、尤敏主演的《梁山伯與祝英台》代唱黃梅調。說起黃梅

調，一直以演唱流行歌曲為主的崔萍，對京劇非常熱愛，她不是唱青衣，也不是唱老旦，而是唱老生。余派老生經她唱來，有板有眼，為了保持老生的演唱水準，崔萍經常要到戲團吊嗓子，許多歌迷可能不知道她有這項喜好。

崔萍的夫婿江宏是香港國片幕後代唱的高手，代唱的歌曲不計其數，可惜知道他的人有限，這是1965年夫妻結婚兩周年，特別自港來台觀光。

民國六十年時，崔萍為了照顧家庭及兒女，毅然宣布退出歌壇（崔萍的先生是早年唱黃梅調的高手江宏，曾為皇帝小生趙雷代唱「戲鳳」：「姓朱名德正，家住北京城，二十歲還沒訂過親」，一九九五年過世），並轉任歌唱教師。崔萍退出歌壇前幾年，經常有人遊說她復出，但是崔萍從不為所動，她認為自己最好的聲音已全部收在唱片裡，歌迷如果喜歡她的歌聲，可以從唱片裡回味，她不一定要重披歌衫。

百代時代曲傳奇 ⑤

Pathe

崔萍・總有一天等到你

崔萍從飛利浦唱片加入百代後，灌錄許多經典名曲。

三、四十年前，崔萍經常應邀來台演唱，每次都受到歌迷的熱烈歡迎，這是她來台灣獻藝時拍攝的宣傳照片。

崔萍（左一）當紅時經常來台作秀，1964年與夫婿江宏（著名幕後代唱人）來台度蜜月，接受中廣紫薇的訪問。

曼 波 女 郎

葛 蘭

1934年生

本名：張玉芳

代表歌曲：說不出的快活、我要你的愛、薔薇訴願、卡門、海上良宵

Jajambo！

你看我，

我看你，

你看我幾時我有這麼高興過。

你看我，

我看你，

你看我幾時我有這麼得意過。

你可不必問我，這麼高興，這麼得意，

這麼快樂到底為什麼，

就是你來問我，我也不想，我也不能，

我也不會告訴你。……

這首由日人服部良一作曲，李雋青填詞的「說不出的快活」，是葛蘭最膾炙人口的歌曲之一，至今依然可以在國內的空中媒體上聽到。

還記得「曼波女郎」葛蘭嗎？二○○一年初，超視推出早年由尤敏、葛蘭、葉楓聯合演出的經典名片《星星、月亮、太陽》，勾起許多老影迷的甜蜜回憶；尤敏已作古、葉楓一度杳如黃鶴，去年終於復出，「月亮」葛蘭不知道近況如何？

久未露面的葛蘭，得知此間重映「星星、月亮、太陽」，且影迷都很懷念她的消息，相當興奮，立刻脫口說出：「感謝台灣的朋友。」葛蘭有近四十年沒有來過台灣，再加上她淡出銀幕後，絕少露面，遂成了老影迷最懷念的明星之一。問她有沒有可能來台灣？葛蘭直言：「沒有計畫」。

葛蘭透露，她的母親已經九十歲了，神智時好時壞，讓她十分擔心。這麼多年，母親一直是她的精神支柱。為了陪伴母親，任何地方她都不想去。對台灣的影迷，她只好說抱歉了。

這幾年經常有人邀請葛蘭來台與影迷見面；前幾年，蔡明亮的電影「洞」上映時，曾積極聯絡葛蘭，希望她來台為影片助陣。主要是「洞」片中演唱了多首葛蘭傳唱不輟的歌曲。蔡導演有意借重葛蘭的名聲，喚起影迷的記憶，可惜沒有成功，讓影迷好生失望。

一九九五年，衛視中文台曾製作「星星相惜話葛蘭」專集，配合生動的影片，詳細介紹葛蘭的生平。這是息影多年的葛蘭，首次出現在國內電視，大家奔走相告。此專集也成了影迷蒐藏葛蘭的珍貴資料。

葛蘭（右）是公認能演會唱的電影明星，她受過正統的聲樂訓練，演唱輕快、節奏明快的歌曲，令人心胸為之開朗，左為林黛。

從小扎下聲樂根基

葛蘭本名張玉芳，她的藝名是源自她的英文名字Grace而來的。祖籍浙江、在上海出生的葛蘭，父親曾在大學任教，葛蘭從小就在十里洋場的上海及繁華的香港生長，養成她活潑開朗的個性，也培養了多方面的演藝才華。

童年時家人發現她喜歡唱歌，特地聘請了音樂老師教她彈琴唱歌。在香港求學期間，黃友棣是她的音樂老師。之後，林聲翕又指導她唱歌。有很長一段時間，葛蘭在葉冷竹琴夫人門下，專攻西洋聲樂，另外，她也跟隨崑曲大師俞振飛學習。由於她聰敏、好學，而且領悟力強，使她的演唱風格也趨向多樣化，不獨能唱西洋古典風格的歌曲，也能唱流行曲及中式小調，成為歌路很廣的一位歌星。

葛蘭從一九五三年投身電影界，到一九六三年，前後共拍了三十三部電影，主演過不少名片，如：《曼波女郎》、《星星、月亮、太陽》、《野玫瑰之戀》、《六月新娘》、《空中小姐》等，每部電影都讓影迷留下深刻的印象。

遍數銀河群星，能夠像葛蘭這樣「色藝雙全」的並不多見，這是她在《野玫瑰之戀》中演唱「卡門」，相信影迷都忘不了她載歌載舞時陶然若醉的模樣。

葛蘭不獨電影出色,且灌錄過不少叫好叫座的唱片,唱紅的名曲不計其數,包括:「說不出的快活」、「我要你的愛」、「薔薇訴願」、「卡門」、「沒有月亮的晚上」、「打噴嚏」、「海上良宵」等,「我要你的愛」是一首高難度的歌,特別是中間饒舌部份,葛蘭唱來輕鬆自如,如探囊取物。當天灌錄此曲的樂隊全部是菲律賓人,葛蘭練了兩遍就正式開錄,結果一氣呵成,一點不差地唱完。錄完後全場樂隊站起來為她鼓掌,大聲叫好。

葛蘭雖然退出影壇多年,但是她的歌曲經常被港台藝人重新編唱。葛蘭覺得很榮幸,這麼多年還有人記得她的歌曲,但她也坦承,還是覺得自己唱得最好。這句話也是影迷的心聲。

葛蘭加入影壇還有一段插曲;她的母親是填房,生下她跟弟弟兩人,大房育有十一位子女,合計是十三個兄弟姊妹。大家庭是非多,葛蘭為了不讓母親看兄嫂的臉色,從小就想掙錢奉養母親,十七歲投身電影圈,當時她還是香港德明女中高三的學生。

還是童星的張小燕(左)曾與葛蘭合作《姊妹花》。

葛蘭與林翠、尤敏是閨中密友,林翠大喜之日,葛蘭 (右)與尤敏(左)從早到晚陪著她。一刻也沒有分離。

一九五三年，葛蘭為崑曲大師俞振飛賞識，短時間便學會了崑曲「斷橋」、皮黃「人面桃花」，並隨俞先生登台演唱，獲得佳評。這項技藝在她退出影壇後中斷。七一年，葛蘭復出，不是演戲，而是學習京劇梅派，且不斷向名師請益。經過多年苦練，頗得梅派神骨。京劇界都認為她是罕見之才，推崇備至。一九八九年，葛蘭還灌錄了一張「京曲選萃」，先生高福全還為她題字，一時傳為美談。環顧海內外華人演員中，幾乎無人能有此成績。

葛蘭婚後急流勇退，不再眷戀銀色工作，日後也很少在公開場合亮相，影迷非常想念她，只好從她早年演唱的歌曲懷念她。

經典名片《星星、月亮、太陽》至今仍留在影迷的心中，葛蘭（中）飾演月亮秋明，個性介於星星尤敏與太陽葉楓之間，不比前者的楚楚可憐，後者的熱情爽朗，是最難討好的角色。葛蘭演來溫婉柔媚，不慍不火，獨樹一格。

382

1961年6月，葛蘭與富商高福全結婚，是名副其實的「六月新娘」，婚後到歐洲度了七個月的蜜月旅行，不知羨煞多少人。

葛蘭婚後沒有立刻退出影壇，她最後一部電影是歌舞片《教我如何不想他》，拍完此片她就正式告別銀幕。

在合作的男演員中，葛蘭與過世的陳厚最契合；兩人在《曼波女郎》載歌載舞的演出，為影片增色不少。離開攝影棚，葛蘭與陳厚依然走得很近，一度還傳言兩人在熱戀。「廟院鐘聲」、「我要飛上青天」歌唱的日子，已經離葛蘭很遠了，如今葛蘭把大部分精神放在京劇上；六十餘歲的她，唱起梅派的「生死恨」、「太真外

傳」，聲音依然甜美。葛蘭的獨子沒有傳到母親的好歌喉，但是對古典音樂頗有研究，先生偏愛廣東大戲，一家人各彈各的調，卻也其樂融融。閒暇時葛蘭經常與王萊、雷震、王天林（導演王晶之父）聚會。自從她的好友林翠過世後，葛蘭就更加珍惜與老友的聯繫。

席 靜 婷

黃梅歌后

1934年生

本名：郭大姝、曾用藝名席靜婷，席乃母姓，之後又延用靜婷之名

歌曲代表：待嫁女兒心、花田錯、戲鳳、梁山伯與祝英台、癡癡地等、荷塘月色、山歌姻緣

不知道是早晨，
不知道是黃昏，
看不見天上的月，
見不到街邊的燈，
黑漆漆，陰沈沈，
你讓我在這裡，癡癡地等……

　　喜歡聽國語老歌的人，只要聽到這首歌曲的前奏音樂，一定會猜出，這是電影《藍與黑》的插曲「癡癡地等」。

　　三十多年前，作家王藍的抗日小說《藍與黑》，被香港邵氏電影公司搬上銀幕，由當紅的林黛、關山分飾劇中的男女主角。《藍與黑》不但獲得第十三屆亞洲影展最佳影片，在各地的票房也頻頻告捷。片中的插曲「癡癡地等」更是風靡一時。當時連

大陸廣州一帶，也流行唱「癡癡地等」，其情況有點類似中日抗戰時，老百姓以「不變的心」這首歌曲，等待國民政府回來。

　　「癡癡地等」由王福齡譜曲，導演陶秦親自填詞，全能歌手席靜婷演唱。儘管歲月流逝，物換星移，如今聽來，依舊令人盪氣迴腸。

席靜婷是香港六○年代的全能歌后，流行歌曲、黃梅調、山歌、藝術歌曲，樣樣拿手，歌迷遍及華人地區。

席靜婷祖籍四川，本名郭大姝，出生官宦之家，幼時常有機會從留聲機和收音機裡聽到歌曲演唱，兄弟姐妹遊戲時也愛唱歌，甚至彼此和音，這對她日後加入和音工作很有幫助。但是家裡對音樂和藝術都不鼓勵，自然不希望子女朝這方面發展。當時席靜婷對藝術歌曲相當嚮往，對有著濃厚藝術氣息的歌曲更是著迷，但誰也沒有想到爾後她會在流行歌曲闖出一片天地，成為香港六〇年代頂尖的歌手。

幕後代唱第一人

一九四九年，席靜婷移居香港。為了適應新環境，同時也一償從事歌唱事業的心願，她於五三年加入歌唱界，開始在夜總會演唱。當年上海的大歌星如姚莉、張露等都來港發展，李香蘭、吳鶯音也一度應邀來港灌錄唱片，因此沒有人特別留意席靜婷，她灌錄的第一張唱片「未了情」，沒有得到太大的掌聲。有好長一段時間，她都是替大牌歌手做和音工作。像姚莉的「愛的開始」，葛蘭的「打噴嚏」，都可以聽到席靜婷的和音。

五、六〇 年代，席靜席是香港首屈一指的紅歌星，為影片代唱的歌曲不計其數，最著名的就是黃梅調「梁祝」與「癡癡地等」。

席靜婷與凌波演唱的「梁祝」,風靡寶島,兩人常來台表演,這是早年她們來台演出,抽空去慰問三軍官兵的情形。

　　五七年,李翰祥導演拍攝《黃花閨女》,找席靜婷擔任幕後代唱,代唱的還不是女主角林黛,而是配角于素秋唱的「春五娘」。李翰祥聽了歌曲後,對席靜婷寬廣婉轉的聲音留下深刻的印象。五八年李翰祥拍攝黃梅調電影《貂蟬》和《王昭君》,就啟用席靜婷為林黛幕後代唱。這兩部電影的歌曲都不算精彩,唯一可取的就是席靜婷的唱腔能夠隨著劇中人物的心情轉折完美呈現。李翰祥事後,再三誇獎她的唱功了得。

　　五八年,李翰祥再導黃梅調電影《江山美人》,仍找席靜婷代唱,結果電影大賣其錢,片中的插曲也大受歡迎,席靜婷在國語歌壇才算站穩腳步,接著她又替林黛的《燕子盜》,代唱「待嫁女兒心」,樂蒂主演的《花田錯》,主題曲也由席靜婷代唱,同樣受到歌迷喜愛。

之後，她開始大量為電影做幕後代唱，細數經她代唱的女明星包括李麗華、林黛、樂蒂、尤敏、葉楓、凌波、何莉莉、張仲文、李菁、陳曼玲等，舉凡六〇年代香港著名的女星，她們在銀幕上所唱的歌，絕大部分是出自席靜婷的口，稱席靜婷是中外歌手代唱歌曲第一人，真是再恰當不過。但是，真正將她的歌唱事業推向高峰，是為《梁山伯與祝英台》裡的樂蒂代唱祝英台。席靜婷的名字自此與黃梅調畫上等號。當時邵氏公司還以重金網羅席靜婷，專為邵氏的影片作幕後代唱。

事實上，席靜婷是一位多方面的歌手，她不只黃梅調唱得好，舉凡時代歌、山歌、小調、藝術歌曲、紹興戲，她沒有一項不專長，歌迷如果不健忘的話，當還記得她在電影《何日君再來》，為胡燕妮代唱動感十足的「搖搖搖」及藝術歌「玫瑰三願」；在《明日之歌》為凌波代唱哀怨卻滿懷希望的主題曲；在《山歌戀》及《山歌姻緣》分別為葉楓、杜娟代唱山歌，聲音之悅耳嘹亮、歌路之寬廣，歌壇難找第二位。

大紅大紫之後

民國六十年，邵氏製片方針朝刀劍武俠發展，歌唱片束之高閣，席靜婷因此一度息歌，回家照顧她唯一的女兒。直到民國六十七年，才在永和中信歌廳的邀請下，回國演唱，重披歌衫。已六十初頭的席靜婷，歌聲卻依然動人，經常受邀到各地演唱，尤其常受美國、新加坡的華僑邀請登台，前幾年，她還曾多次與凌波搭檔，來台演唱老觀眾最難忘的「梁祝」，受到歌迷的熱烈支持。

歌唱多年，席靜婷看遍藝人大紫大紅後，又被觀眾遺棄的淒涼面，不少經她代唱過的當紅藝人，像林黛、樂蒂、杜娟，都以自殺結束自己的生命。影后李菁失意的消息，席靜婷也時有耳聞，前幾年，她還慫恿凌波希望能找到李菁，由她們倆搭配演唱「梁祝」，一定叫座。凌波也認為這是個好主意，但是她們花了許多時間打聽，始終沒有對方的消息。（消失多年的李菁，居然在九七回歸當天，意外出現在媒體上，令人驚喜。之後又杳如黃鶴）。

席靜婷走紅時，歌酬驚人，曾創下一首五百元港幣的高記錄，無人能及。

　　席靜婷表示，曾經，她也不能忍受被歲月遺忘的苦悶，後來慢慢想通了，也就不再煩惱。她最喜歡的一句話就是「人間多少事，不值青山一笑看。」人世間本來就是無常的，如果藝人不學會以開闊的胸襟去面對殘酷的現實，會覺得日子很難過的。

　　目前定居香港的席靜婷，有一個女兒曾在台灣工作，因此她一度時常台港兩頭跑。平時沒事，她喜歡約幾個老朋友，像當年也曾紅極一時的抒情歌后崔萍、小調歌后劉韻一起喝下午茶，大家說說聊聊，日子過得也相當愜意。另外，到外地演唱，也是她生活中重要的一部分。席靜婷透露，只要有人邀請，時間又能配合，再遠她都會趕去，「唱了這麼多年，就屬現在唱得最輕鬆，沒有任何壓力，完全是為了興趣而唱。」

公視開播時，還特別邀請席靜婷來台演唱助陣。

寶刀未老的席靜婷近年來依然活躍舞台，不時還將她的舊作重新編曲，以嶄新的面貌呈現給歌迷。

顧 媚

忘 不 了

小雲雀

1935年生

本名：顧嘉瀰

**代表歌曲：母親你在何方、不了
情、相思河畔、露珠兒**

忘不了，忘不了。
忘不了你的錯，忘不了你的好，
忘不了雨中的散步，
也忘不了那風裡的擁抱……

忘不了，忘不了。
忘不了春已盡，忘不了花已老，
忘不了離別的滋味，
也忘不了那相思的苦惱。

　　民國五十一年，已故影星林黛主演了一
部文藝悲劇片《不了情》，賺足了觀眾的熱
淚，影片中的主題曲很快就在各地流行起
來，如今電影情節已被遺忘，主題曲卻流
傳下來，一再被翻唱，陳芬蘭、費玉清、
蔡琴等人都曾重新詮釋，各有特色，歌詞
中的「忘不了」前幾年還被歌手童安格譜
成「忘不了」的新歌演唱，別有風味，但
對老歌迷而言，到底不如當年原唱傳神入
味。

　　二〇〇〇年台北市文化局舉辦「台灣百

年歌謠」票選，「不了情」以高票進入前
十名，前年環球唱片推出鄧麗君生前未發
表的作品，主打歌曲用的就是這首傳唱四
十年的「不了情」。

顧媚的招牌歌曲「不了情」是電影《不了情》的主題曲，另
外，該片還有「夢」、「山歌」都是歌迷百聽不厭的歌曲。

「不了情」由王福齡作曲，該片導演陶秦親自填詞，影歌雙棲的顧媚幕後代唱。陶秦是上海聖約翰大學中國文學系的高材生，他為歌曲填的詞雖然不多，但是卻支支動人，深獲小市民喜愛；像白光的「戀之火」，電影《藍與黑》中的「癡癡地等」，還有《雲泥》的插曲「問白雲」等，都是陶秦寫的詞。如今聽來，依然耐人尋味。

顧媚除了歌藝好，還會填詞，「醉在你的懷中」即出自她的手筆。

用感情唱歌

有「小雲雀」之稱的顧媚，本名顧嘉瀰，民國二十四年出生，作曲家顧嘉輝是她的胞兄。國內觀眾最熟悉的就是他為港劇《上海灘》寫的主題曲；凌波唱紅的黃梅調「郊道」，也是由顧嘉輝編曲，兄妹兩人同時享譽歌壇，成績直追姚敏、姚莉兄妹。顧媚曾隨姚敏學習歌唱，十幾歲時已在香港與南洋一帶演唱，十七歲那年，她為電影《月兒彎彎照九州》代唱主題曲，成績不錯。到了民國四十四年，邵氏公司開拍張揚與石英主演的《戀愛與義務》，又邀她主唱該片的插曲「母親你在何方」。這首歌流傳至今，國內許多歌星都灌唱過，也是每年母親節的熱門歌曲，但是很多人也都不知道原唱人是誰。

《小雲雀》是顧媚1965年的作品，顧媚在片中發揮了她的歌唱本領，「露珠兒」就是該片的插曲之一。

顧媚因演唱「母親你在何方」，受到新華電影公司的重視，邀她參加《碧血黃花》、《特別快車》等影片演出，當時南洋一帶流行影星隨片登台。顧媚因為會唱歌，演完此片，被公司派往曼谷隨片登台。留泰期間，又應邀參加泰國片《鳳凰于飛》的演出，隨後與泰國著名演員呂猜戀愛結婚，這段感情沒有維持太久，主要是兩人之間的文化差異。三年後夫妻離異，顧媚才回到香港重新發展。

事實上，顧媚主演的電影遠不如她唱的歌曲有名。她唱紅的歌除了上述提到的之外，還有「相思河畔」、「阿里山的姑娘」、「露珠兒」、「夢」等多首曲子，而她真正領銜主演的電影只有《小雲雀》一部，其他像《紅樓夢》、《喬太守亂點鴛鴦譜》、《藍與黑》、《七俠五義》等演的都是配角，沒有發揮的餘地，自然也談不上演技。由她領銜主演的《小雲雀》，著重她的嬌小身材和繞梁歌喉，意外地竟得了個「小雲雀」的外號，人如其名，也大大的提升了知名度。

顧媚的嗓子屬於中音，差不多在十一度之間，內行人知道這不是寬音域，適合她唱的歌並不多，但是顧媚表示，她是用感情唱歌，嗓子是否寬厚對她並無影響。最重要的是有沒有把歌曲的情感唱出來。有一年她應邀來台獻唱，每唱一次「不了情」，都會被歌曲感動得熱淚盈眶，坐在台下聽歌的觀眾，也被她的歌聲打動，陪著她一起傷感。除了歌唱，顧媚還偶爾客串

寫詞，白光早年有一首膾炙人口的歌曲「醉在你的懷中」，就是出自顧媚的手筆。

投入繪畫演自己

顧媚是早年香港藝人中來台次數最多的一位，因為她的祖母、叔叔、姑媽等至親都住在台中，顧媚平均一年飛台一次探親，同時還取得台灣居留權。「不了情」

顧媚走紅時經常應邀來台演唱。

在國內走紅時，顧媚經常應邀來台演唱。民國五十八年，中視開播時，顧媚還被中視請來參加「每日一星」及其他節目，一待就是半年。後來她乾脆搬來台灣定居，同時與國畫大師胡念祖學山水畫。兩年後，在台北舉辦第一次個展，正式向演藝生涯說再見。

顧媚在影歌壇發展時，並未被虛名所迷醉，遠在一九六二年，她就決定跟從嶺南趙少昂習畫，這也是她日後轉向繪畫發展的主要因素。一九七四年她為呂壽琨的墨象所迷，在呂壽琨那裡學習筆下的禪意。三年後，獲得香港市政局頒發的「藝術獎」，這是香港藝人第一個獲頒此獎的人。畫家楚戈曾這樣描述顧媚：「大部分演員都是演別人的戲，真正的演員是演自己。顧媚知道不能一輩子演別人的戲，要演，好歹也要演自己；她的山水，既無趙少昂的痕跡，也沒有胡念祖的戲路，更不見呂壽琨的禪意。她的畫是誠實的演出自己。」雖然只有幾句話，卻把顧媚的作品，勾勒得淋漓盡致。

最近幾年，顧媚經常在台灣舉辦個展，前幾年還在清鮎畫廊開畫展，也參加了剛在世貿中心結束的「世界博覽會」畫展，她是藝人轉型少數成功的例子。習畫近三十年的顧媚，目前一幅畫的行情在蘇富比拍賣的價位已達兩萬元美金以上。對一個四十歲才重新規畫生涯，以畫為生，同時擁有穩定收入的女性來說，顧媚的表現著實令人刮目相看。

顧媚退出影壇後，即轉向繪畫發展，成績相當可觀。目前她的畫作行情是一幅美金兩萬元。她是藝人轉型中少數成功的例子。

顧媚陪同婦聯會的皮以書參觀她的畫作。

長腿姊姊

葉　楓

1937年生

本名：王玖玲

代表歌曲：神秘女郎、情人山、

小窗相思、落花流水、好預兆、

空留回憶

你不要對我望，

黯淡的燈光，使我迷惘，

你不要對我望，

將來和以往，一樣渺茫。

就算你，就算你，

看清我模樣，

就算你，就算你，

陪在我身旁，也不能打開心房。

你不妨叫我神秘女郎。

四十歲以上的讀者，大概都能哼上兩句這首描述一個反世俗的豪邁女子心境的歌曲「神秘女郎」，但知道原唱者的卻不多，當然更不知道它是電影《鐵臂金鋼》的插曲，由姚敏譜曲，易文填詞，葉楓主唱。

國內前後至少有十餘位歌星，包括紫薇、陳蘭麗、鳳飛飛、姚蘇蓉、蔡琴、蔡幸娟等，都灌過這首膾炙人口的歌曲，受歡迎的程度可想而知。但詮釋得最入味並

能讓人和歌中人發生聯想的，就非葉楓莫屬了。除了「神秘女郎」外，葉楓唱紅的歌還有「好預兆」、「晚霞」、「昨夜夢中」、「空留回憶」、「落花流水」、「情人山」等。

息影多年的影星葉楓，在一九九六年香港第十四屆電影金像獎頒獎典禮中，除了擔任頒獎人，還首次在台上公開獻唱，其中有一首就是「神秘女郎」。國內觀眾透過有線電視的轉播，再次看到依舊風姿綽約、明艷照人的「長腿姊姊」葉楓。

赴港發展成功

葉楓是早年由台赴港發展最成功的藝人，當時由於資訊不普及，國內影迷並不清楚她是台灣去的藝人。本名王玖玲的葉楓，民國三十八年隨家人來台，父親曾任律師，姊姊是將軍夫人，家庭背景不錯。葉楓自小即醉心表演藝術，中學畢業曾參加話劇演出。

民國四十三年，美國環球公司來台招考中國少女演員，葉楓在眾多美女中脫穎而出，不料環球公司又改變拍片計畫，使她的明星夢頓成泡影，當時台灣的電影製片業凋零不振，葉楓為圓明星夢，輾轉到香港發展。由於本身條件優秀，沒有幾年即在影壇大放光芒。

葉楓在她第一部電影《四千金》裡已展露歌唱才華，但未被人發覺，直至一年後，在一次慈善晚會裡演唱白光的名曲

「秋夜」，這方面的才藝才被人賞識。葉楓的歌聲低沉而醇厚，富有情感，她雖未受過正統的聲樂訓練，也沒有拜過師，但因為年少時對各種曲藝的愛好，唱起歌來自成一格。初期，她最喜愛姚莉及白光的歌聲，主要是她與兩人的調門相近，可是等她正式灌唱片時，就下定決心不模仿任何人，要自成一格。

葉楓至香港發展初期並不順利，直到三年後加入電懋公司，才受到重用，電懋公司還針對她一百七十公分的修長身材，開拍一部名叫《長腿姐姐》的影片，由林翠與喬宏與她搭配，片中並用特寫鏡頭多次拍攝她的玉腿，在當時是相當大膽的，推出後票房也一路長紅，還為葉楓贏得「長腿姊姊」的別號。

葉楓的處女作是《四千金》，她飾演二姊，相當搶眼，從此一帆風順在影壇發展，右起蘇鳳、葉楓、穆虹、林翠，前為飾演父親的王元龍。

隨後葉楓又拍了《睡美人》、《賊美人》等影片，單看片名，即知是針對葉楓拍攝的。但是真正讓葉楓大放異彩的是與尤敏、葛蘭、張揚等人合作的抗日電影《星星、月亮、太陽》，劇中葉楓飾演熱情、健朗的太陽亞南，表現出新時代女性堅強的一面，也正如她本人的個性，勇於追求夢想。

葉楓前後與張揚合作過《桃花運》、《二八佳人》、《野花戀》，直到主演《星星、月亮、太陽》，才和張揚陷入熱戀。電影上映後，葉楓即和張揚結為連理，這是她第一次結婚，但是在此之前，葉楓已有兩任有實無名的「老公」。葉楓的戀史，堪稱曲折，她是一個「敢恨敢愛」的女人，不在乎他人的眼光，她決定做的事，沒有人能改得了。

葉楓婚後與張揚合作演了《一曲難忘》，就跳槽到邵氏公司，首部電影是與關山合作的《山歌戀》，成績不俗，接著又演了《血濺牡丹紅》、《碧海青天夜夜心》等影片。這時候夫妻倆的感情開始有了變化。其實葉楓與張揚的個性完全不同，一個愛靜，一個喜歡熱鬧，很難湊在一起。

愛恨分明的神秘女郎

葉楓在主演秦劍（已故，影星林翠的前夫）導演的《癡情恨》，邂逅了剛剛由台赴港發展，比她小四歲，英俊瀟灑的凌雲。葉楓一見傾心，在拍片期間，主動幫這位來自故鄉的同胞找房子，翻譯廣東話，日

久相處下，居然假戲真做。兩人隨著劇情的發展，戀情愈演愈熾，她的好友勸她要三思，但是葉楓根本聽不進。最後葉楓不惜與張揚離異，投進凌雲的懷抱。這件桃色新聞轟動影壇，當時保守的社會也對葉楓的作為相當不滿，指責她是一位水性楊花的女人。

《癡情恨》於民國五十四年九月下旬在台上映，由於影迷極力杯葛這部電影，對兩人不檢點的私生活也頗有怨言，台北市古亭區的居民，甚至在里民大會上呼籲里民拒看這部電影。結果影片放映三天即匆匆下片，這是以前從未發生過的事。葉楓日後主演的電影票房都不理想，民國五十八年，她演完《春蠶》後，就退出影壇。令人更加遺憾的，她與凌雲的婚姻維繫了十八年，最後也以離婚收場。理由也是「個性不合」。

葉楓的姿色豔麗，在影壇十分著名。

葉楓不但會演戲還會唱歌。

葉楓跳槽邵氏，與關山搭檔演出的首部電影「山歌戀」，飾演牧羊女秀秀。葉楓在邵氏主演了五、六部電影，論成績不如她在電懋時期出色。

葉楓自退出影壇後，很少在公眾場合正式亮相，即使金馬獎頒獎典禮，她也沒有參加過，對以往光鮮亮麗的生活，她不願提及，因此有關她的消息不多。民國七十八年，葉楓又重回初戀情人李南輝的懷抱。李南輝是運動健將，據說當年李為了追求葉楓，曾在胸前刺了一個桃心，至今仍留在他的心上。

前幾年，影星導演張艾嘉籌拍《母親》，曾千方百計說動葉楓復出，結果這部電影卻不了了之。之後，關錦鵬也有意邀葉楓在一部女性電影演出，最後也沒有下文。目前定居舊金山的葉楓，偶爾回香港與好朋友見面，日子過得十分恬淡。

金嗓金曲不了情

葉楓在《星星、月亮、太陽》飾演熱情、健朗的太陽亞南，與她的個性相當吻和；戲中她因參戰受傷鋸斷了一條腿，拄著拐杖，毅然離開情人徐堅白，令人感動得熱淚直流。

葉楓與張揚主演《星星、月亮、太陽》時陷入熱戀,隨即結婚,可惜這段婚姻只維持了三年半的時間。

葉楓移情別戀,愛上從台灣去的凌雲,與張揚離婚兩個月後嫁給凌雲,結果輿論批評,影迷也拒看她的影片,票房跟著下降,沒有多久,她就息影了。葉楓與凌雲也沒有白頭借老,十八年後,雙方簽下離婚協議書,從此蕭郎是路人。

　　就在影迷幾乎要淡忘她時,葉楓又在民國八十六年出現了,而且準備東山再起,當時國內三家電視台的晚間新聞,同時報導這位丰姿不減當年的女星近況,透過螢幕老影迷又看到這位迷人的藝人。很可惜,如今四年已過,葉楓竟然黃牛了,影迷也不知道發生了什麼事,就像她唱的「神秘女郎」一樣:你不要對我望,將來和以往,一樣渺茫。

　　葉楓二〇〇二年終於重現江湖,不是演戲是開演唱會,在台灣演出時,受到老歌迷的熱烈關注。

葉楓著名的影片全部在電懋完成,投效邵氏後,成績乏善可陳,這是她在電懋與王萊(右起)、李湄合作的《女秘書艷史》。葉楓的模樣真是人見人愛。

潘秀瓊

低音歌后情淚迷人

潘·秀·瓊

1935年生

本名：潘秀瓊

代表歌曲：情人的眼淚、峇里島、白紗巾、寒雨曲、愛情像氣球

為什麼要對你掉眼淚，
你難道不明白是為了愛，
只有那有情人眼淚最珍貴，
一顆顆眼淚都是愛……。

電視上，港星林憶蓮正在演唱重新編曲的老歌「情人的眼淚」，雖然節奏、唱法與原曲有很大的差異，但是依然動聽，忍不住讓人跟著哼唱。

「情人的眼淚」由姚敏譜曲，陳蝶衣填詞，低音歌后潘秀瓊主唱，前後「流」了三十幾年，也「灑」遍東南亞，到今天依然不停的「掉」，的確不同凡響。這首歌國內至少有鳳飛飛、陳芬蘭、蔡琴等十餘位歌手將它灌成唱片，甚至費玉清等男歌手也照唱不誤。但始終還是以原唱者潘秀瓊的版本最令人難忘。

天生好嗓子

潘秀瓊原籍廣東，出生澳門，在吉隆坡長大，能操流利的國語，幼年時隨家人移居馬來西亞，她天賦的歌唱很早就被人發現，注定要走上歌壇這條路。

潘秀瓊的「情人的眼淚」流行四十年，此曲已經成了國語歌曲的經典作品，人人均可琅琅上口。

潘秀瓊的家境不好，十二歲開始，每天下了課，晚上就獨自到露天歌場客串演出，挑起一家九口的生活重擔。為了多賺一點錢，她幾乎每天都去演唱；一天搭兩毛錢的巴士來回上班，一個月賺四十塊錢，全給了媽媽作家用，那時候她最怕碰上雨季，一下雨露天場地就停止演出，收入也減少，小小年紀就飽嚐生活的壓力。

由於身挑家庭重擔，潘秀瓊無法像一般小孩接受正規的教育，留給她一生最大的遺憾。只好從歌台舞榭中，體驗人生的磨練。五光十色並未讓她迷失，集中精神奮力打拚的結果，潘秀瓊在二十二歲時攀上歌唱事業的高峰。

五〇年代中期，潘秀瓊在香港百代唱片公司的邀請下，正式簽約赴港發展。這個

1960年，潘秀瓊赴港發展，與林黛(右二起)、方逸華及百代唱片主持人王淑衛合影。

時期她所灌錄的唱片，如「你的眼睛」、「意亂情迷」、「梭羅河之戀」，以及重新編曲的「白紗巾」等，風行一時。成了當年華人地區數一數二的紅歌星，她唱紅的「小親親」也成了舞廳最受歡迎的曲子，大家爭著演唱此曲。

潘秀瓊唱紅的名曲甚多，也常擔任電影幕後主唱，其中最為歌迷熟知的有「愛情像氣球」、「女兒圈」、「寒雨曲」、「朦朧的燈光」、「峇里島」、「誰是有情郎」、「我是一隻畫眉鳥」……不勝枚舉。

姚敏為潘秀瓊作過不少曲子，至今傳唱不輟並為歌迷津津樂道的，就是這首令人回味無窮的「情人的眼淚」。當年潘秀瓊灌唱此曲時已是實力唱將，通常試唱都是一次OK，但唱「情人的眼淚」時，灌了兩次才成功。第一次拿到曲子時，潘秀瓊覺得曲調太低，不易掌握，但因自己是吉隆坡來的歌手，不敢對姚敏表示意見，一試再試，越急越無法得心應「口」，結果竟真的「掉下眼淚」，負責人見狀，急忙安慰她改天再唱。

過了兩天潘秀瓊再度錄音時，發現套譜已稍微修改，與她的音調完全契合，而她也全力以赴，終於讓這首曲子大放光芒。「情人的眼淚」民國四十八、九年在台灣推出時，街頭巷尾傳唱不輟，沒有多久就成了潘秀瓊的招牌歌，每逢應約，必唱此曲，否則觀眾就不肯讓她下台。

「愛情像氣球」也是歌迷百聽不厭的名曲。

百 代 時 代 曲 傳 奇 4　潘秀瓊・雨港的晚上

潘秀瓊在《哪個不多情》續集與金峰分飾男女主角。

百 代 時 代 曲 傳 奇 4　潘秀瓊・雨港的晚上

潘秀瓊的經典名曲相當多，這是她後期的一張唱片。

從苦難中找到新生命

進入七○年代以後，潘秀瓊除了演唱及灌錄唱片以外，亦參與唱片監製工作。她主唱的許多唱片都是由她本人監製，同時並應新加坡電台之邀，出任該台的歌唱指導，在培養後輩方面可說不遺餘力。

這些年潘秀瓊經常應邀來台獻藝，勾起許多老歌迷的懷舊之情，儘管年華老去，但是醉人的歌聲，依舊不減當年，她一首一首為歌迷詮釋早年她所唱紅的曲子，在瞬息萬變的今天聽來格外令人心動。

一九九五年十一月潘秀瓊與罹患血癌的新加坡廣播主持人東方比利一起來台灣舉辦五場「愛與關懷」演唱會，大家才知道，在歌壇銷聲匿跡一段時間的潘秀瓊原來罹患腦瘤，經過治療，再加上家人、朋友的鼓勵，和宗教信仰的慰藉，才逐漸從苦難中找到新生命。

屹立歌壇數十年，潘秀瓊得到名氣，婚姻卻觸礁，失去了女人最想要的美滿家庭。她並不後悔踏入這個圈子，因為歌唱豐富了她的生命，也拉攏了她與朋友的情誼，她對自己的選擇沒有半點怨言。潘秀瓊說，今後依然要用歌聲豐富生命，唯一不同的是，她要把生命奉獻給更多需要協助的人。經過許多不如意、傷感的事，潘秀瓊坦承上帝已為她拭掉「情淚」，她不再為自己的傷痛悲哀，今後她會活得更堅強、更快樂，只要歌迷喜歡她，她會一直為大家唱下去。

在家人及朋友的鼓勵，和宗教信仰的慰藉下，潘秀瓊擺脫痛苦，從苦難中找到新生命，只要歌迷喜歡，她要永遠的唱下去。

梁兄哥

凌波

風靡寶島

> **1939年生**
>
> **本名：君海棠**
>
> **代表歌曲：遠山含笑、訪英台、**
>
> **郊道、龍歸大海鳥入林、天上沒**
>
> **有烏雲蓋**

夜沉沉，聲悄悄，月色昏暗。

風淒淒，影搖搖，隕星曳空，

怪鳥長鳴，

一路行來無人煙，

嚇得我膽戰心寒……

　　每次國內舉辦歌唱比賽時，都經常有一些實力派的新人，以這首「郊道」作為闖關的自選歌曲。儘管大部分的演唱者並不清楚，這是民國五十四年，影星凌波主演的電影《血手印》中的插曲，也不明白歌詞中的「眼見園門正半掩，想必是雪春在裡面」，指的是什麼，但仍有不少人喜歡唱這首曲子。因為「郊道」是一首高難度的歌曲，特別是中間一長串拉長的「啊」音，沒有兩把刷子的不敢貿然嘗試。

　　國內灌唱「郊道」的歌手相當多，從早期的姚蘇蓉、鄧麗君、鳳飛飛、陳芬蘭、陳麗麗、費玉清，到近期的蔡幸娟等人，

各有風味，但是唱得最出色的，仍屬凌波無疑，這主要跟凌波多年演唱黃梅調有關，很自然地抓住這首具有戲曲效果的歌曲。

「郊道」在台流行記

　　「郊道」的唱腔取自京腔「高撥子」，唱法則選用京劇「楊門女將」。當年是由作曲家顧嘉煇重新編曲，陳又新填詞。誰也沒有想到，它會流傳那麼久。

凌波未走紅前，曾在1962年參加《西廂記》演出，飾演崔鶯鶯一角 (據說此片成績欠佳，沒有上映)，凌波做夢也沒有想到，隔年她的《梁山伯與祝英台》轟動寶島，台北為她頓然成了「狂人城」，她帶起的黃梅調風潮，使街頭巷尾吟唱數年而不絕。

大導演李翰祥獨具慧眼，發掘能唱會演的凌波，讓她與樂蒂主演《梁山伯與祝英台》，一炮而紅，把凌波捧上天。

「郊道」並不是隨著電影走紅，「血手印」還未上映前，影迷已知道這首歌了，而且還會哼唱，這中間有一段有趣的插曲。

第十一屆亞洲影展（亞太影展前身）由我國主辦，時間是在民國五十三年六月十五日，亞洲各地均派代表來台參加盛會。香港方面是由紅透半邊天的凌波、李菁等十二金釵參加。

影展期間，地主國特別在南京東路已拆除的體育館，舉辦兩場「亞洲群星大會」，由各地代表表演歌舞節目，當時一張電影票是十元，大會門票卻從二十元到一百元不等，誰知兩萬張門票，不到一天就銷售一空，五十元的門票，黃牛叫價兩百元，盛況可謂空前。

晚會在晚上九點十分開始，由名嘴丁秉燧主持，當天氣溫高達攝氏三十五度，體育館沒冷氣，一萬多名觀眾熱得汗流浹背，不少男女紛紛脫掉襯衫，拿著扇子猛搧，還有許多人帶著望遠鏡。

第一天，凌波被安排在節目中沒演出，她先唱了首「遠山含笑」，排山倒海的掌聲，差點把體育館給弄塌了。接著她又唱了「郊道」，凌波特別向觀眾解釋，這是她正在拍攝的電影「血手印」的插曲，台灣還沒有這個套譜，所以她自己把音樂帶來。即使如此，觀眾照樣聽得如醉如癡。叫好之聲，不絕於耳。

凌波唱完後，全場觀眾幾乎走光了，主辦不停地在門口，以請求的口吻說：「後面的節目更精彩，請大家不要走，拜託，拜託！」但是無人理會，每個人都異口同聲的說：「我們就是來看凌波表演的。」

　　第二天，凌波被安排唱壓軸，等她出場時，已接近十二點了，但是全場沒有一個人捨得離開，凌波以感謝的心，唱了「遠山含笑」、「郊道」，但是觀眾不過癮，拚命鼓掌叫「安可」，於是凌波又唱了一首「訪英台」。

　　主辦單位擔心節目結束後影迷沒車搭，事前跟公車處商量，當晚特別加班輪送影迷，一直到凌晨兩點，才把會場的影迷送完。

　　沒有多久，「郊道」就開始在大街小巷流行起來，夜總會、歌廳、歌唱比賽也紛紛選唱這首歌，直到今天依然受到許多人的歡迎。

因《梁祝》一炮而紅

　　細數中國藝人，沒有一位藝人像凌波這樣令台灣觀眾為之瘋狂，她與樂蒂主演的《梁山伯與祝英台》，民國五十二年初夏在台北市中國、遠東、國都三家戲院聯演，造成連滿兩個月的盛況，吸引七十二萬一千九百餘人前往觀賞（當時台北人口不滿八十萬），營收新台幣八百四十萬元，粉碎了歷年中西及日本影片的票房紀錄。《梁祝》癡心影迷連看數十遍的比比皆是，街頭巷尾無論唱片行、理髮廳或住家，「梁山伯一心要把英台訪呀，英台訪呀……」的黃梅調四時「弦歌不輟」。當年十月三十日，凌波在邵氏副總經理鄒文懷陪同下，搭機飛抵台北，參加第二屆金馬獎頒獎典禮，同時向蔣公祝壽。

《梁祝》將籍籍無名的凌波，造就成一顆家喻戶曉的天王巨星，連三歲小孩都知道「梁兄哥」就是凌波。

凌波在七〇年代，曾應邀回國與李璇搭擋演出華視的《七世夫妻》，這是兩人在《孟姜女與萬杞梁》中的造型。

凌波在《花木蘭》中女扮男裝，代父從軍。此片為她贏得第十一屆亞洲影展最佳女主角的后冠。

　　凌波當年停留台北僅有五十小時，所到之處，無不萬頭鑽動，人潮洶湧，經常動員憲警護駕。第二天晚上，凌波在中國、遠東戲院隨新片《花木蘭》登台獻唱，一張三十元的戲票，黃牛票賣到三百元。凌波一出場，觀眾就瘋狂地叫著她的名字，比起今天新新人類迷戀劉德華、李玟、張惠妹有過之而無不及。凌波先唱了首「遠山含笑」，排山倒海的掌聲差點把戲院給弄塌了，接著她又唱了「訪英台」，叫好之聲不絕於耳。在中國電影史上，能夠讓萬千影迷如醉如癡，凌波堪屬第一人。

凌波是福建廈門人，民國二十八年生，三歲時被父母以二十元美金賣給一位君姓人家做養女，取名君海棠，十歲時，廈門淪陷，她隨著養父母逃到澳門，再轉往香港。為了家計，凌波很早就出外賺錢，她做過女傭，後來以「小娟」的藝名拍廈語片，從配角逐漸爬到主角，但是廈語片的市場很窄，沒有多久，她就被迫拍廣東片，但是難有作為。後來養母作主，把她許配給一個菲律賓的富商，最後這個富商生意失敗，床頭金盡，只留給她一個兒子撫養。就在山窮水盡的當兒，凌波碰到兩個貴人，一個是她的乾爹周詩祿，正在邵氏公司拍片，另一位是導演袁秋楓。當時袁秋楓正籌拍《紅樓夢》，需要一位幕後代唱，於是周詩祿把當時藝名「小娟」的凌波推薦給袁秋楓。

凌波當年與金漢結婚，是轟動台港兩地的影壇大新聞。

凌波在1966年6月18日嫁給金漢，當天兩人就飛抵台北，參加各界為他們舉行的慶宴。

凌波沒有學過任何聲樂，但天生聲音甜美，咬字清晰，她為賈寶玉代唱成績相當好，得到大導演李翰祥的賞識。因此當李翰祥拍《梁祝》時，就大膽起用小娟，同時為她改了「凌波」這個藝名。想不到竟一炮而紅。

凌波不只歌聲甜美，演技也可說無懈可擊，當時邵氏、國泰兩家大公司搶拍《梁祝》（國泰由李麗華、尤敏擔綱），每天馬不停蹄地作業，演員也全力配合。有一天要拍梁山伯訪英台的戲，梁山伯滿心喜悅要去祝家村拜訪英台。不巧，凌波當天為了兒子養育問題，與養母發生爭執，整整哭了一夜。第二天到片廠拍戲時，兩個眼睛又紅又腫，導演一見嚇了一跳，立刻喊停，因為他擔心凌波演不出梁山伯訪英台的喜悅，凌波卻不願意因她影響拍片進度，堅持要拍，而且自信可以勝任。

金嗓金曲不了情

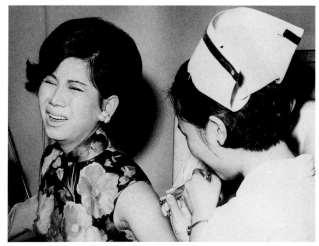

「唉喲！好痛！」凌波走紅後，經常飛來台灣，也接受台灣防疫病毒預防針注射。

還記得凌波在《紅伶淚》唱了「打漁殺家」、「抗金兵」、「羅成叫關」的京劇嗎？1970年，國內舉辦台港影星國劇聯演，凌波也軋上一腳，這是她和汪玲演出《大溪皇莊》的扮相。

凌波與李小龍合影，這是絕無僅有的一次巨星會。

於是大伙連忙為她化妝，同時想辦法消除她紅腫的雙眼。待導演一聲「開麥拉」，凌波立刻在攝影機前眉飛色舞地又演又唱，把梁山伯的喜悅之情演得絲絲入扣。等導演叫結束時，凌波再也忍不住心頭的委曲，在片廠放聲大哭。這段漏網新聞是多年後，從李翰祥的口中傳出來的。

凌波演過許多膾炙人口的好戲，除了《梁祝》外，還有《七仙女》、《雙鳳奇緣》、《萬古流芳》、《女秀才》、《西廂記》、《宋宮秘史》、《魚美人》等，都是黃梅調電影。另外她的民初戲《故都春夢》、《紅伶淚》、《烽火萬里情》，時裝戲《明日之歌》也令人難忘。

《梁祝》在台灣歷久不衰,隔幾年就要公演一次,1993年,劇中的主要人物在一次聚會中相遇,留下這張珍貴的鏡頭,左起任潔 (銀心)、李昆(四九)、陳燕燕(祝母)、右一歐陽莎菲(梁母)。

民國六十年,凌波轉來國內拍片,這期間她拍過《女兵日記》、《我父我夫我子》等,同時自組電影公司。她在國內拍的最後一部影片是與張艾嘉合作的《金枝玉葉》,之後,又轉入電視台拍戲。民國七十年後,正式退出影壇,與同為明星的夫婿金漢移民加拿大。

這幾年凌波不時回國參加慶典,每次提到當年《梁祝》在國內轟動的往事,凌波就忍不住熱淚盈眶,她衷心感謝台灣的影迷這麼支持她,要不是有台灣歌迷熱烈支持,也就沒有日後的凌波。她永遠記著這份恩情。二○○二年底,凌波也曾和胡錦搭檔,推出完整版的《梁祝》。

潘迪華

梭羅河畔
懷念

金嗓金曲不了情

1934年生

本名：潘宛卿

代表歌曲：午夜香吻、給我一杯愛的咖啡、情人橋、愛你變成害你

曼卡灣梭羅，月色正朦朧，

無論離你多遠，

總叫人顛倒魂夢盪漾如眼波，

如少女把情鍾，愛在那河畔流連，

吹來陣陣薰風星光照遍那棕林，

六弦琴聲林中琤琮，

愛侶雙雙在河畔，情燄更熊熊。

曼卡灣梭羅，我心弦在震動，

為著悠悠流水歌頌，

我那曼卡灣梭羅。

國際知名導演王家衛年近推出由張曼玉、梁朝偉主演的《花樣年華》，片中有一個操著上海腔，和張曼玉對了好幾場戲的房東太太——潘迪華，給人留下深刻的印象。年輕影迷可能對潘迪華不太熟悉，喜歡聽國語老歌的歌迷，對她一定不會陌生。這首充滿異國風味，改編自印尼民歌

的「梭羅河畔」，在《花樣年華》中，被導演拿來做襯底歌曲，演唱者就是潘迪華。此曲是當時夜總會樂隊伴奏的典範，正合舞廳跳舞的節拍。

潘迪華是第二次參加王家衛的電影演出，一九九一年，她在王家衛導演的《阿飛正傳》中，飾演張國榮的義母，舉手投足，渾身是戲，該影片為她奪得當年金馬獎最佳女配角。當屆金馬獎女配角破天荒共有兩位，另一位是資深硬裡子演員王萊，以《推手》獲獎。從這裡不難發現，潘迪華雖然以歌唱出名，演戲也不含糊。

早年，潘迪華一直想從事電影工作，她的開麥拉費司極美，演戲不成問題，未料竟獻身歌唱，在歌壇闖出一片天地。

潘迪華的身材傲人，穿泳裝十分搶眼。

潘迪華初到香港時，最想從事的行業是當電影明星，而且在這方面也下過一番功夫。一九五三年，她在老牌影星周曼華、黃河、張翠英等人主演的影片《白衣紅淚》中，飾演一名護士，戲分不重，這是她的處女作。之後，她又參加幾部電影演出，角色也不突出，沒有給觀眾留下任何印象。

這期間潘迪華還在香港夜總會演唱，由於在上海時期受到的薰陶，她在表演節目中，經常加入上海時期的歌曲及大陸民歌，像周璇唱的「賣燒餅」，姚莉的「蘇州河邊」、「得不到的愛情」，黃飛然的「熱情的眼睛」；民歌方面有「情人橋」、「康定情歌」，日漸走紅香江。

潘迪華最近曾在一次訪問中表示，大家都說她在《阿飛正傳》演得自然，充滿感情，「事實上，《阿飛正傳》有我的影子，我曾經有個兒子，彼此的關係很不好。當王家衛叫我扮演這位母親時，我很自然地接受了」。

棄影從歌大受歡迎

潘迪華原名潘宛卿，一九三四年生，原籍無錫，她在歌唱方面最大的特色就是咬字清晰，而且會多國語言，演唱時常穿插其他表演，甚具舞台效果。

潘迪華雖然是香港歌星，但是早年經常來台演唱，再加上她的唱片在此地流傳，經她唱紅的曲子有：「午夜香吻」、「給我一杯愛的咖啡」、「愛你變成害你」、「你真美麗」等，在台灣擁有不少歌迷。

1966年潘迪華首度來台鶯歌，在中央酒店駐唱。

潘迪華唱歌咬字清晰，且會多國語言，演唱時再穿插其他表演，
顯具舞台效果。

　　一九五七年，潘迪華隨著香港影劇界來
台參加雙十國慶大典，當年許多著名的香
港藝人都會應邀來台參加，這是雙十國慶
的一個重頭節目。藝人來台除了參加國慶
大典外，還會抽空到前線慰勞三軍將士。
白光、李麗華、林黛、葛蘭、林翠等人，
早年都曾應邀到前線與官兵話家常。

　　潘迪華當時被分到澎湖勞軍，她上台演
唱了一首由陳歌辛作曲填詞，龔秋霞在大
陸唱紅的「是夢是真」，結果受到官兵的熱
烈掌聲，安可之聲，不絕於耳。這是潘迪
華出道以來所受到最熱烈的反應，她站在
台上，激動得流下淚來。從那一刻開始，
她決定放棄多年來沒有成就的明星夢，朝
歌唱方面發展，她深信只要自己努力，一
定可以成功。

籌劃並演出中國歌劇「白孃孃」

　　一九六○年，潘迪華到了倫敦，拜在名
聲樂家張美寶門下鑽研樂理，這段時間她
還不斷觀摩歐洲名家演唱，可以說，她把
一生最美好的歲月，全部花在歌唱事業
上。學成後，潘迪華沒有立刻返港，而是
巡迴歐洲及中東國家各大夜總會表演，藉
此吸收各地音樂的特色，歌路更形廣闊，
不少歌迷都認為聽潘迪華演唱是一大享
受。旅行演唱期間，潘迪華曾多次作御前
獻唱。六○年代，柬埔寨的施漢諾親王曾
親自作曲填詞，為她寫了一曲「金邊」。六
○年代中期，潘迪華在英國長駐演出時，
曾在女皇御前獻唱 "My Hong Kong"，一
度傳為美談。

1998年9月，潘迪華在香港舉辦「情牽潘迪華音樂會」，這是她自1972年製作《白蛇傳》音樂劇後，再一次藉著音樂與大家見面。

　　但是，在各項成就中，潘迪華最為人津津樂道的，是她在七〇年代初，一手籌劃和演出根據中國民間傳說改編的百老匯式歌劇《白孃孃》。這在中國歌唱界是一項創舉，兩岸三地均無人為之，因此引起華人地區的熱烈關切。而劇中一首由顧嘉輝作曲、黃霑填詞的「愛你變成害你」，更成為潘迪華國語歌曲中的代表名曲之一。當時潘迪華曾想把《白孃孃》帶到台灣演出，由於成本過高，擔心虧損太大，只好作罷。

　　演完《白孃孃》後，潘迪華就息歌了，直到一九七九年才復出，且第一站就選定台北獻唱。她不否認對台灣有一份特殊的感情，當年要不是來台獻藝，受到那麼多官兵的鼓勵，給了她足夠的信心，她可能不會斷然決定「棄影從歌」。她對自己的明智決定，深以為傲。想不到多年後，她又回到電影界重拾演戲，而且表現不俗，這可能不是潘迪華原先料想得到的。

踏入歌壇多年的潘迪華，雖然比年輕時少了點野心，但心裡還有兩個願望：出一百首自己喜愛的歌集，留住美好的時光；另一件是想策劃一場音樂會，讓當今的歌手可以不受製作人左右，唱自己喜愛的歌。

根據潘迪華的觀察，有些歌手其實可以唱得很好，只是沒有機會。他們都要唱一些製作人以為大眾愛聽的歌。這是個錯誤的觀念，導致歌手沒有什麼表現，只能聽從製作人自以為是的想法，她很想把這個觀念扭轉過來，為年輕歌手挹注一分心力，讓他們爆發出自己的實力。

二〇〇二年，潘迪華應邀來台演唱，她很高興這個年紀還有人請她獻藝。她很珍惜這個機會，因次唱得格外賣力。

潘迪華演唱會海報。

雖然比年輕時少了點野心，潘迪華對歌唱始終未能忘情，近年還在美國、台灣等地登台演出。

台灣
Taiwan
時期

紫 薇

勞軍先驅

紫●薇

1930年生

本名：胡以衡

代表歌曲：綠島小夜曲、願嫁漢家郎、回想曲、美麗的寶島、春雷

桃花開放在春天，
一見桃花想從前，
好像情郎他又回到我身邊，
唱一曲小桃紅，
紅上我的臉，
小桃紅唱一曲呀使我想起從前……

年齡在四十歲上下的人，一聽這首歌就知道這是老牌歌星紫薇的招牌歌之一「回想曲」。

紫薇的音色婉麗、音質清純，技巧熟練以及情感適切的配合運用，最擅長演唱抒情歌曲。「回想曲」創作於民國四十九年，詞曲皆出自作曲家周藍萍的手筆（周藍萍最膾炙人口的音樂就是為電影《梁山伯與祝英台》譜曲）。當時他初為人父，因此歌曲就以兒子的名字「楊正」發表。

讓國語流行歌曲在寶島生根發芽

在「回想曲」之前，坊間傳唱的國語歌曲，大部分是早年流行上海的舊聲，要不然就是香港的「舶來品」。幾家唱片公司如環球、亞洲、電塔、鳴鳳、四海……唱片公司限於經費、設備和人才不足等因素，都是翻版香港百代公司的唱片，滿足來自內地同胞的需求。

直到四海唱片公司老闆廖乾元捧出當時可以購買兩三棟洋房的鉅資，灌製了「回想曲」唱片，並經由中廣高雄台列為歌唱比賽指定曲，成天播放，才逐漸流行，出版國語創作歌曲唱片的風氣也跟著形成，國語流行歌曲遂在寶島生根發芽。

紫薇在四海唱片灌錄了二十二張唱片，她大部分著名的歌曲都在四海錄製，這是她1962年錄製的，曲目有「小橋流水」、「王昭君」等。

紫薇在中廣主持歌唱節目時，每天都收到大批聽眾的來函。

紫薇的歌唱舞台在廣播頻道。

　　「回想曲」是紫薇第二度與周藍萍合作。早在民國四十三年，兩人即合作了「綠島小夜曲」。當時這首歌只在錄音室錄製，沒有灌成唱片。後來被菲律賓萬國唱片看中，錄成唱片，再回流台灣，剛好接上「回想曲」的熱潮。一時間紫薇成為台灣歌壇最熱門人物。其實早在民國四十二、三年起，紫薇即以她甜美、悅耳的歌聲，陪伴聽眾，特別是從大陸撤來台灣，無法返鄉的遊子。

　　紫薇原名胡以衡，民國四十二年三月二十六日，以一首李香蘭唱紅的名曲「夜來香」，打進台灣第一個電台現場節目──民本電台「爵士樂」。由於她的聲音甜美，咬字清晰，立刻被錄用。當時紫薇已育有兩個孩子，小女兒才剛滿四十天，由於先生是軍人，每個月收入只有一百九十元，實在難以維持一家四口的生活。自幼即愛歌唱的紫薇，為了分擔家計，在得到先生的應允後，決定出來歌唱，想不到竟唱出一片天地。

紫薇應邀參加中廣的玻璃窗播音，當時這可是一件新鮮玩藝，透過玻璃窗可看見主持人，首日播出吸引大批民眾圍觀。

1961年，紫薇在中廣開創第一個現場綜藝節目──「與您共度周末」，轟動寶島，每周收到全台四千多封來信。

八二三砲戰之後，紫薇前線慰勞官兵的盛況。

　　民國四十七年，紫薇的歌聲已遍及民本、民聲、正聲和華聲等各大民營電台。各廣播電台都在極力爭取她。本著「人往高處走，水往低處流」的心理，隔年紫薇不顧五家民營電台的反對，毅然加入中廣的行列。她的歌聲隨著中廣十三個分台的廣播網，強力輸送到全台灣。再加上中廣首創國樂團，以絲竹雅音烘托紫薇的歌聲。沒有多久，紫薇就征服了全台的聽眾。

1958年「八二三砲戰」後的五、六年，每個除夕夜紫薇都在金馬前線和戰士一起度過，陪他們包餃子，為戰士補衣，大家相處得猶如一家人。

民國五十年，中廣開創了第一個現場綜藝節目「與您共度周末」，招待現場觀眾。紫薇被派任主持該節目。節目開播不久，立刻轟動寶島，每周收到聽眾四千多封來信，這樣的成績讓紫薇雀躍不已。

正當節目做得有聲有色時，有人提出，讓一個唱歌的人做節目主持人，實在是小材大用，而且有損公司形象。紫薇自知學歷比別人差一些，但是她懂得充實自己，努力向上，她絕不是一個花瓶。這件事引起的風波不小，好在當時的新聞局長魏景蒙非常賞識紫薇的才藝，挺身而出。魏景蒙認為，從每周大批聽眾的來信，就可證明紫薇的工作能力，這跟學歷沒有關係。由於魏景蒙的仗義執言，紫薇保住了這個職務，從此她工作得更加賣力。

妝扮像歌聲般清新婉麗

　　前後灌過五十張唱片的紫薇，不喜歡濃妝艷抹，所以無論台上台下，幕前幕後，她都很少「粉墨」自己，這多半也受了老公的影響。先生經常告訴她，身為一個代表國家的軍人之妻，待人處世，尤其是裝扮上更要合乎自己的身分。不僅如此，先生也不贊成她到歌台舞榭演出，因此，多年來紫薇除了在電台及電視外，很少在外拋頭露面。

姚敏（左）為紫薇錄新歌。

1967年凌波來台參加義演，與紫薇搭檔演唱《梁祝》。

1966年，紫薇曾到香港，作曲家姚敏（站立右）特別針對她的歌路，寫了「我什麼都接受」、「默默相許」、「夕陽下」、「春夢」等多首曲子；從台灣赴港發展的作曲家周藍萍（站立左）也助了一臂之力，為紫薇寫了「三月杜鵑紅」。

1988年，紫薇獲得新聞局頒贈的「致力推廣國內流行歌曲貢獻卓著獎」，由當時的邵玉銘局長親自頒發。隔年三月她就告別人世，留給歌迷數不盡的好歌！

　　紫薇最為老榮民樂道的就是，民國四十七年「八二三砲戰」爆發時，她隨著勞軍團，到外島慰問辛苦的三軍將士，第一站是馬祖。紫薇坐著顛簸的吉普車，一站又一站地把她的歌聲傳送到傷痕累累的外島各地。平均一天要演出兩場到三場，只要紫薇一開口，沒有五首歌是絕對無法下台的。碉堡訪問、醫院慰勞，弟兄們見了她，如同見到親人一樣興奮，尤其在醫院裡，傷患捨不得她走，偶爾清唱一兩首歌，好似勝過醫生開出來的藥方，那真是一幅感人的畫面。

　　身為軍人之妻和對離亂世代的傷痛記憶，使紫薇對軍人的赤忱奉獻與犧牲精神，瞭解深刻。她也知道歌聲可以消除戰爭的陰影，鼓勵戰地官兵的鬥志，而勞軍是她對三軍官兵最直接的感謝方法。「八二三砲戰」後的五、六年，每個除夕夜，紫薇都是在金馬前線和戰士一起度過的。她為戰士歌唱，陪他們一起包水餃，還為戰士補衣，大家相處得猶如一家人。因此，當紫薇於民國七十八年三月四日因病去逝的消息傳出後，許多當年參與「八二三砲戰」的老兵，都忍不住傷心地流下淚來。

紫薇（前排右二）桃李滿天下，左起紫琳、紫茵、紫蘭、紫韻、紫雯都是紫家班的學生。

不僅國內歌迷傷心，海外華人也同樣難過。新加坡一位記者寫道：「紫薇的歌聲和氣質，已在人們心中塑造了一種獨特的形象，因為她心中了無對名利的追求，只是唱著自己喜歡的歌，教一些喜歡唱歌的女孩，我們何時才能再見到像「綠島小夜曲」、「回想曲」詞曲俱佳的好歌？在哪裡尋找到一個用整個心靈及感情在唱歌的人？」

對紫薇，歌迷有說不盡的懷念，她的「綠島小夜曲」、「願嫁漢家郎」、「回想曲」等，如今傳唱不輟，已成了國語流行歌曲的經典作品。

紫薇的歌聲恬靜、優雅，在紛亂的社會中具有安撫人心的功效，她的去世對歌迷而言是一大損失。

歌壇夜鶯

美　黛

1939年生

本名：王美黛

代表歌曲：意難忘、黃昏的街頭、飛快車小姐、小小茉莉、台灣好

藍色的街燈，明滅在街頭，

獨自對窗，凝望月色，

星星在閃耀，我在流淚，我在流淚，

沒人知道我，

啊……誰在唱呀，

遠處輕輕傳來，

想念你的，想念你的，

我愛唱的那一首歌。

　　民國五十一年，本土歌星美黛演唱的「意難忘」，是本省人大量接受國語流行歌曲的關鍵曲。在此之前，本省人對國語歌曲抱持觀望的態度，當時國內的歌壇由國、台和東西洋歌曲三分天下，各自擁有自己的聽眾群。「意難忘」之後，國語歌曲迅速發展成主流，佔了整個市場的大半部。

　　說到此處，必須把鏡頭拉到五十年前，也就是政府從大陸遷到台灣後，立刻進行

復原與革新，但老百姓尚未完全脫離日本長期殖民的文化陰影。民眾生活普遍辛勞，城鄉差距懸殊，農村人口嚴重外流，久處困頓壓抑的台灣人，習染了彼邦漂泊的民族性，內心又極度渴盼母體文化的滋潤。就在這個時候，作詞家慎芝改編自日本「東京夜曲」的「意難忘」，再加上本省籍的歌手美黛，以國語唱詞挾帶台灣人宿習的東洋風味感傷旋律，立刻獲得社會熱烈迴響。

十八歲那年，美黛(右一)加入桃園更寮腳的軍中康樂隊，有了正式的工作和表演機會。

美黛的精典歌曲,大部分是在合眾唱片灌錄的。(美黛/提供)

美黛走紅時,經常應邀出國演唱,她從小就想擁有一個洋娃娃,這個願望直到她出國演唱才達成。

飄泊、感傷的歌聲唱紅了「意難忘」

自幼愛哼唱的美黛,本名王美黛,是土生土長的桃園姑娘。十五歲那年,跟隨在三重工作的胞兄到民本電台參觀,看到寶島歌后紀露霞演唱,羨慕得不得了,於是詢問電台可不可以留下來工作,想不到竟獲得首肯,並給她一個「節目助理」的頭銜。年幼的美黛,以為從此即可在電台大展歌喉,殊不知所謂的節目助理,就是燒開水、倒茶、抹桌椅等雜役的工作,一心想朝歌唱界發展的美黛,做了幾個月就離開了,走投無路下,只好回到故鄉,參加一些臨時性的晚會及康樂隊表演。

一九五六年,美黛加入桃園更寮腳的軍中康樂隊,才有了正式的工作和表演機會。在康樂隊待了四、五年,美黛的足跡踏遍金、馬,直到民國四十九年才進入台北歌壇演唱,先後在華都舞廳、朝陽樓、萬國聯誼社、金門飯店等地駐唱。

「情難守」是六〇年代中期相當流行的一首歌，灌錄的人十分多，美黛也是其中之一。

貌不驚人又不善交際的美黛，常有處處受困之感，所以在歌聲中自然流露著飄泊、感傷的情緒。民國五十一年，美黛在萬國聯誼社駐唱，合眾唱片的老闆來跳舞，對她的歌聲充滿好感，問她想不想灌唱片？「當然想啦！」這是美黛夢寐以求的事。唱片公司於是找來幾首日本歌曲，然後填上中文歌詞，交由美黛灌錄。在這之前，已有多位歌星翻唱這首改自日本的「東京夜曲」，唱片公司對這張唱片也沒有抱太大希望，純粹是一種試驗，因此盡量節省開支，整個唱片封面除了「意難忘」及美黛幾個字外，沒有任何設計。

想不到唱片問世後，轟動大街小巷，男女老幼幾乎都會哼唱，盛況持續好長一段時間，當時的福華影業公司見狀，特別投下鉅資，以《意難忘》為片名，再加上美黛的歌聲開拍了民營公司第一部彩色電影，由艾黎主演，劇情傷感悲凄，賺足了觀眾的熱淚和鈔票。

「意難忘」估計售出近百萬張，當時沒有版稅及紅利這個名詞，美黛只得了一千元酬勞。由於唱片大發利市，唱片公司最後請美黛到香港觀光，算是酬庸她的辛勞。

美黛赴東南亞演唱，在當地的中央酒店留下這張照片。

美黛從小吃過不少苦，懂得生活艱辛，因此格外珍惜得來不易的成果。

要唱到牙齒掉光

美黛的歌聲不只國人喜愛，連國外人士也十分讚揚。民國五十五年，荷蘭飛利浦公司代理人到台北視察業務。無意間在金龍歌廳聽到美黛的歌聲，留下深刻的印象，於是他向日本飛利浦公司推薦美黛，希望邀請美黛灌唱片。沒有多久，日活電影公司開拍《台北姑娘》，主題曲「台北的姑娘」和插曲「多情的雙眸」，有中文版和日文版，中文版部分即由美黛主唱。

縱橫歌壇四十年的美黛，至今仍活躍在舞台，她說要唱到牙齒都掉光那一天。

美黛（右二）與群星會時期的歌星們合影。

　　二十八歲那年，美黛在台北金門飯店駐唱，那位台大學生兼飯店老闆擄獲了美黛的芳心，最後成為美黛人生旅途上的終生頭家。婚後美黛準備休息一段時間，但是拗不過南部歌廳的再三請求，婚後第三天，她以客串的身分出來獻唱。豈知一開戒，就收不了場，每晚都要唱到深夜一、二點，最高記錄一晚唱了十九首歌，依然不能滿足觀眾的要求。

　　美黛婚後的演唱酬勞節節高升，民國六十年，多數藝人月薪還停留在四、五千台幣時，美黛一天演唱酬勞是一千元，這還不包括食宿。當時一位南部老闆聽到她的價碼，差點昏倒。

　　國內國語歌壇的長青樹是紫薇，美黛是第二長青樹。除了「意難忘」外，她唱紅的歌還有「黃昏的街頭」、「飛快車小姐」、「杭州姑娘」、「台灣好」、「我在你左右」等。

從民國五十一年灌錄第一張唱片起，美黛前後錄製了近四十張唱片，甚至前幾年還有人請她灌唱片，這還不算，她還經常應邀演唱，南北兩地趕場，近年來，她又執起教鞭，每周教上百人唱老歌。今年三月還舉辦踏入歌壇四十週年演唱會。

美黛始終堅守崗位，從不輕言退休，但歲月不饒人，從前她一場唱四十分鐘仍餘韻無窮，如今唱二十多分鐘就很吃力了。儘管如此，美黛表示還要唱下去，唱到牙齒掉光才停止。

金嗓金曲 不了情

美黛與老牌閩南語歌手鄭日清合影。

美黛的人生是彩色的，就像她身上穿的這件衣服一樣。

王菲

山東曼波

1929年生

本名：王學瑾

代表歌曲：山東曼波、甘蔗與高梁、當我們小的時候、心花弄影

説曼波，道曼波，
俺也搞不清什麼叫曼波，
到底是饅頭還是麵包，
請問你們各位誰知道……，
你們不知道，俺可知道，
我們山東出饅頭，
北方人吃了肚子飽，
南方人吃了睡著了。……

　　當今歌壇提起王菲，大家想到的可能都是那位紅透半邊天的大陸女歌手。其實早在四十年前，國內已經出現一位名叫「王菲」的男藝人，年齡在四、五十歲以上的歌迷應該還記得。這首幽默風趣的「山東曼波」，就是這位男王菲自己作詞、作曲、演唱，藉著山東人愛吃的大饅頭，來描繪他所看到的曼波舞。

　　由於好聽易學，「山東曼波」沒有多久就在寶島的大街小巷流行起來。當年不少學校的合唱團，紛紛選擇這首輕快活潑的曲子表演，藉以帶動現場的歡唱氣氛。有些克難樂隊甚至拿著算盤及一些簡單的敲打器，隨著「山東曼波」的音樂又扭又唱，快樂得不得了。男女歌手人人會唱這首歌，出道未久的鄧麗君還灌唱過這首歌。

先在軍中走紅

　　王菲本名王學瑾，山東煙台人，北平中國大學肄業，大陸失守後，投效軍旅，由於喜歡音樂，進入裝甲兵音幹班第二期，之後又從政幹班金門分班第一期畢業。曾任陸空軍政工隊指導員、音樂教官、軍中劇隊演員、民間劇團演員，單看這些經歷，就知道王菲是一位會唱能演的藝人。

四十多年前，台灣就有一位男歌手，藝名叫王菲（左）；「山東曼波」、「甘蔗與高梁」、「當我們小的時候」就是由他譜曲、演唱的著名歌曲。右邊是王琛（「家在山那邊」主唱人），兩人是五〇年代，演唱國語歌曲最出色的兩位男高音。

　　早年從事表演節目的藝人，都會取個藝名，像周璇、姚莉、凌波、樂蒂、趙雷都是藝名。王菲初期藝名叫「王飛」，是他的長官代取的。他嫌這個「飛」字不穩重，東飛西跳，最後將「飛」換成「菲」。

　　王菲當初創作「山東曼波」是有來歷的。民國四十四年十月三十一日，專程回國為蔣公祝壽的香港藝人，包括白光、林黛、葛蘭、李湄等人，在總統府前面的三軍球場（現址為介壽公園），演出一場勞軍晚會。葛蘭載歌載舞，演唱一首「曼波歌」，轟動了整個球場，叫好聲不絕於耳。

　　當時王菲也坐在現場看這場歌舞表演，他被葛蘭精湛的歌聲及舞藝吸引，回家途中，不斷哼唱「曼波歌」的旋律，愈哼愈帶勁，當下他就決定寫一首像「曼波歌」這樣，好聽又能邊唱邊跳的歌曲。

　　思考了幾天，王菲果然創作了這首讓人聽了忍不住跟著起舞的歌曲。當時台灣的唱片公司，主要是錄製翻版歌曲，沒有足夠的經費錄製本土的創作歌曲，王菲就把這首歌曲寫成簡譜，先在勞軍晚會上演唱，立刻受到全體官兵的熱烈歡迎。

　　有一次，王菲隨著故總統蔣經國到金門勞軍，一首「山東曼波」唱得整個現場沸騰起來，官兵隨著歌聲起舞。演出結束後，蔣經國還特別到後台當面誇獎王菲演唱精彩。之後，「山東曼波」就成了王菲的招牌歌，每回勞軍都引起熱烈迴響。這首歌在軍中流行好長一段時間，一直到民國四十九年，南國唱片公司找王菲錄製成唱片，小市民才有機會聽到這首歌曲，否則它還只在軍中流傳。

　　「山東曼波」的錄製工作十分辛苦，當年台灣的錄音設備簡陋，隔音設備又差，很難完全隔絕屋外的雜音，因此錄音工作都選在深夜進行。即使如此，還要時時提防偶爾轟然而過的車聲。

王菲（左）與台語歌王文夏（右一）在台語電影《綠島之夜》合作。

錄音當天的氣溫高達攝氏三十五度，錄音間又無冷氣設備，每個工作人員都熱得汗流浹背。受不了悶熱，大家紛紛脫掉上衣，接著又脫掉長褲，只穿一條內褲錄音。前後錄了三天，才算大功告成。這種辛勞不是現代人能體會的。果然不出所料，「山東曼波」一上市，立刻造成熱賣，街頭巷尾到處可聽到曼波之歌。王菲因此迅速在歌壇走紅，成了當時炙手可熱的男歌手，並和紫薇搭檔演唱不少膾炙人口的歌曲，像「傻瓜與野丫頭」（之後謝雷、張琪經常演唱此曲）、「南海情歌」、「海濱小夜曲」等。

七○年代初，王菲（左）與諧星蔣光超灌錄了這張歌唱爆笑劇，開啟喜劇歌唱的風潮。

安於平淡生活

　「山東曼波」不但帶給王菲極大的盛名，酬勞也很可觀。當時他每個月的房租是新台幣六十元，單是這首歌就讓他賺了三萬元，這是王菲做夢也沒有想到的事。

　王菲唱紅的歌不少，除了「山東曼波」，還有「甘蔗與高粱」、「當我們小的時候」、「夢裡的情人」等，都是由王菲作曲，「甘蔗與高粱」曾獲總政戰部優秀作曲獎。早年老牌影星王引來台拍片，片中的插曲都由王菲負責，像《煙雨濛濛》、《花落誰家》、《女人遇強盜》等片的歌曲，皆由王菲編寫，估計創作近百首歌曲。

王菲當年是軍中康樂隊的重要演員，他能演會唱，還會作曲，因此走紅舞台多年。

邵氏影星范麗（右）來台拍戲，與王菲結為好友。

金嗓金曲不了情

王菲的歌聲嘹亮，是國內最早以男高音演唱流行歌曲的歌手。

一九五九年電影《情報販子》開拍，王菲（前排左二）與尚未當導演的李行（前排右一）、白景瑞（前排右二）都參加演出。

除了歌唱，王菲還演出不少電影及電視劇，電影方面有《一萬四千個證人》、《古寧頭大捷》、《水擺夷之戀》、《情報販子》等，其中《古寧頭大捷》曾獲國防部優秀演技獎。電視方面包括《八號分機》、《戰國風雲》都是屬於陽剛性的角色。

目前定居台北縣永和市的王菲，已經退出演藝圈很久了。他表示，年紀大了，不習慣歌台舞榭的生活，只希望安安靜靜地與家人生活在一起，聽聽老歌，與朋友擺擺龍門陣，日子雖然平淡，卻是他所追求的。

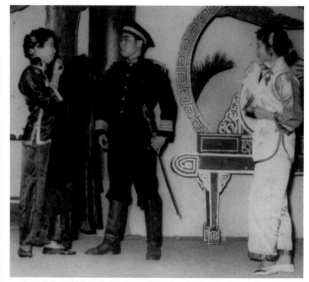

一九五八年王菲在歌舞劇《小鳳仙》中，扮演蔡松坡，小鳳仙由高梅影飾演（右），老夫人是司馬音飾演。

錢蓉蓉

影歌雙棲的一代才女

1941年生

本名：錢德琳，曾以容蓉為藝名

代表歌曲：狀元及第、戲迷夫
妻、金玉良緣紅樓夢

夜留下一片寂寞，
河邊不見人影一個，
我挽著你，你挽著我，
千言萬語，變做沈默。
我們走著迷失了方向，
盡在暗的河邊徬徨。
不知是世界離棄了我們，
還是我們把它遺忘。

　　喜歡聽老歌的歌迷，對這首早年由陳歌辛作曲、填詞的「蘇州河邊」，應該不會陌生。這首歌最早是在上海由姚敏、姚莉兩兄妹合唱，當時曾風靡大江南北。民國四十九年畢業於國立藝校（國立藝專前身），旋即投入影藝圈的錢蓉蓉，重唱這首膾炙人口的老歌，與她搭檔的是當時頗有名氣的男歌手王菲（主唱「山東曼波」）。想不到竟一炮而紅，此後所有的電台都是播放錢蓉蓉唱的「蘇州河邊」（主要是資料較新），姚莉唱的逐漸被人淡忘。

　　民國五十年前後，錢蓉蓉可說是國內的風雲人物。在飽受香港影星的壓力下，國內難有新星崛起，錢蓉蓉是繼穆虹、張仲文後，比較受重視的一位。錢蓉蓉的最大特色就是能演會唱，從演戲到商展小姐，都有她一份，芳名經常在報紙出現。

能演會唱的才女

　　錢蓉蓉本名錢德琳，民國三十年生，浙江人，她的父親是商界聞人錢宗範，當年擁有不少家族企業。由於商場關係良好，使醉心第八藝術，能歌善舞的錢蓉蓉，比一般人更容易進入演藝圈。

　　錢蓉蓉天賦極高，舉凡流行歌曲、平劇、越劇、黃梅調，稍加揣摩，即能唱得有板有眼，她本人對自己的才藝也很有信心，認為假以時日會闖出一番事業。早年錢蓉蓉曾與演員王琛合灌「戲迷夫妻」，內

「戲迷夫妻」集南腔北調於一身，沒有兩把刷子的人，很難過關；錢蓉蓉和王琛使出渾身解數，又演又唱，風靡了各地的觀眾。

容集南腔北調於一身，錢蓉蓉還展現她的
平劇功力，以一趕三的方式演唱「二進
宮」，環顧國內歌壇，幾乎無人能有此成
績，錢蓉蓉的表現讓歌迷嘖嘖稱奇。她唱
的黃梅調是國內唯一可和香港的凌波、席
靜婷抗衡的。民國六十年左右，凌波經常
回台演唱，都是找錢蓉蓉與她合作。

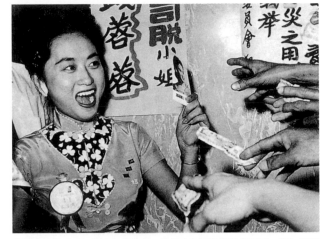

錢蓉蓉主演的首部電影是《合歡山
上》，那是民國四十八年，接著又參加《金
色年代》、《女俠飛紅巾》的演出，並與目
前仍活躍舞台的張小燕合演中影的《宜室
宜家》，兩人分飾姊妹。雖然沒有大紅大
紫，但在那個年代，也算是知名人物。

錢蓉蓉能演能唱，雖未大紅大紫，也是大家耳熟能詳的明星，圖為民國
四十八年，芳齡十八的錢蓉蓉，榮膺商展小姐。

李翰祥導演的《狀元及第》，男女主角的唱腔都由錢蓉蓉捉刀；錢蓉蓉忽男忽女，唱來輕鬆自如，為影片成績增色不少。

三、四十年前,國片的重鎮在香港,在國內稍微有點名氣的藝人,都會飛往香港發展。民國五十二年,錢蓉蓉也不能免俗的赴港尋找出路。在沒有正式演出前,先經人介紹在電影《梁山伯與祝英台》中為飾演師母的高寶樹作幕後代唱。主要是影片中的人物不會唱歌,作曲人特別找能開口的為對方捉刀。這是早年歌唱片的一大特色,包括大明星鍾情、林黛、樂蒂、李麗華等人主演的歌唱片,都有請專人幕後代唱。

歌迷若不健忘,當還記得《梁祝》中,師母問山伯,英台是男是女的那句唱詞:「上前含笑問書呆,一事離奇你試猜,到底他是男還是女?」就是由錢蓉蓉幕後代唱。由於成績突出,當時即引起導演李翰祥的注意。

之後,李翰祥與邵氏發生爭執,李導演來台組國聯公司,開拍《七仙女》,原本李導演屬意由當時聲譽如日中天的凌波與新人江青主演該片,凌波的唱腔部分由凌波本人負責,江青部分由錢蓉蓉代唱。不料邵氏公司不肯放凌波,且把凌波藏匿在日本。在無計可施之下,李翰祥立刻安排錢蓉蓉從幕後走到幕前反串董永,而且主唱,與紅遍半邊天的凌波對打。

細數錢蓉蓉代唱的電影,包括《狀元及第》、《天之嬌女》、《鳳陽花鼓》、《寶蓮燈》等,都是她以女聲演唱男腔。民國五十三、四年,黃梅調風靡港台,唱功奇佳的錢蓉蓉大受重用。華視在民國六十年後,也請錢蓉蓉回台演出黃梅調,反串男主角。

民國六十六年,重返邵氏公司的李翰祥,搶拍由林青霞、張艾嘉擔綱演出的《金玉良緣紅樓夢》。這是一部古裝歌劇片,裡面的歌曲全部是從越劇移植過來的;張艾嘉飾演林黛玉由劉韻代唱,林青霞反串賈寶玉就是由錢蓉蓉代唱。林青霞本人對錢蓉蓉的唱腔相當滿意,認為為她的演出增色不少。特別是當寶玉在大喜之日,發現娶的不是他心愛的林黛玉,而是薛寶釵時,整個人突然崩潰,寶玉在大廳又哭又喊,又叫又唱,林青霞演來絲絲入扣。如果錢蓉蓉幕後代唱的成績欠佳,將會大大影響林青霞的演出。

1977年,李翰祥執導《金玉良緣紅樓夢》,由林青霞反串賈寶玉、張艾嘉飾演林黛玉。李導演再度找來錢蓉蓉為林青霞(左)代唱賈寶玉,另外,她還為狄波拉飾演的紫娟代唱。

這是早年錢蓉蓉送給筆者的照片。

錢蓉蓉目前定居澳洲,生活幸福美滿。

　　仔細推敲錢蓉蓉未在電影界大放異彩的原因,主要是很少導演針對她的特色為她編寫劇本,讓她大展長才。再加上當時國泰前有葉楓、林翠、尤敏、葛蘭,後有樂蒂、陳曼玲等人,都是獨具特色,受到觀眾喜愛的明星。錢蓉蓉很難闖出眉目,只有在歌唱方面,勝人一籌。

　　民國六十年,錢蓉蓉回台發展,走的仍是反串路線,情況比在香港好些。不過,在演過幾齣電視劇後,她也就急流勇退了。這麼多年來很少有她的消息,她唱的那些南腔北調,由於不易學習,漸漸被人淡忘了。

陳 芬 蘭

台灣的美空雲雀

陳·芬·蘭

1948年生

本名：陳芬蘭

代表歌曲：孤女的願望、快樂的
出帆、情人再見

請借問播田的田庄阿伯啊！
人塊講繁華都市，
台北對叨去，
阮就是無依偎，可憐的女兒！
自細漢著來離開父母的身邊，
雖然無人替阮安排將來代誌，
阮想要來都市做女工過日子，
也好來安慰自己心內的稀微……

　　這首曾經唱遍台灣街頭巷尾的「孤女的
願望」，記載著當年台灣由農業轉向輕工業
時代的多少鄉情往事，在緩緩的社會流動
過程中，不知撼動多少離鄉背井的遊子；
藉著那個只有九歲小女孩幽怨的歌聲，尋
求心靈的慰藉和補償。當年的小女孩早已
為人妻、為人母，但是她的歌聲卻深埋在
走過那段歲月人的內心，一經觸動，往事
宛若放映的幻燈片，立刻兜上心頭。演唱
這首歌曲的就是早年有台灣「美空雲雀」
之稱的陳芬蘭。

1959年11月，陳芬蘭的處女作「孤女的願望」出版，轟動寶島，
接著「快樂的出帆」、「快樂農家」、「打拚的工人」相繼出版，
好評潮湧。

　　「孤女的願望」聽起來雖然像首悲歌，
但感覺上仍然給人無限的希望，怨嘆歸怨
嘆，只要你敢上台北去闖，未來還是充滿
希望。這首歌的移情作用也跨越了省籍的
鴻溝；不少隨政府來台的外省同胞在瞭解
這首歌的涵意後，會不自覺地掉下眼淚，
他們寫信給陳芬蘭，訴說心裡的感受：
「聽到這首歌，會想起留在大陸的妻兒，不
知道他們可好？」信中還夾著禮物，感謝
陳芬蘭撫慰了他們心頭的創痛！

　　陳芬蘭，一九四八年生，台南人，從小
隨著父母在三重長大，在念幼稚園時，家
人發現她有歌唱天才，送到舞蹈學校學
舞。陳芬蘭的大哥很喜歡唱歌，是大學合
唱團的男低音，教她唱「野玫瑰」、「散塔
露西亞」之類的外國民謠，小妮子居然唱
得有板有眼。八歲那年，她參加歌唱比
賽，以一首「落花淚」，獲得季軍，之後，
陳芬蘭就經常參加歌唱比賽，獲得不少冠
軍。長大後，她曾透露，最懷念那段得獎
的日子，因為可以換來一肚子喝得飽飽的
汽水。

　　九歲時，陳芬蘭首次進錄音室，在台南
亞洲唱片公司灌錄「孤女的願望」。錄製前
她十分緊張，但等正式開唱後，卻又表現
得輕鬆自如，咬字清晰不說，且準確抓住
歌聲中憨厚的感情，推出後竟一炮而紅。
電影公司打鐵趁熱，立刻邀她主演同名電
影，還隨片登台。在庄仔腳公演時，許多
人家就擠著拼裝的耕耘機趕來，台下的觀

陳芬蘭的歌聲低沈、渾厚，有台灣「美空雲雀」之稱。

眾坐得滿滿的，九歲的小孩就領略了什麼叫「人山人海」，直到今天她還記著當年的盛況。之後，陳芬蘭又唱了「快樂的出帆」、「英語教室」等輕快歌曲，台語歌曲被她天真、活潑的童音，帶到一個賞心、快樂的境界。

最早赴日發展的台灣歌手

小學畢業後第二年，陳芬蘭赴日進修，並轉往香港完成中學學業。在永樂國小就讀時，因為經常巡迴全省演出，難免耽誤了功課，她本人沒有什麼感覺。直到有一天，有歌迷對她說：「妳好可憐喔！都沒有同學陪妳玩。」她才發現別人只要好好讀書，她卻成天忙著登台。

對於這段失去的童年，陳芬蘭多少有些遺憾。因此在日進修時，她堅持要完成中學學業。等學業告一段落，陳芬蘭才正式在日本錄音出唱片，她是當年最早赴日發展的歌手。後因祖母過世，回台奔喪，發現國內唱片業正發展蓬勃，歌手一個個竄紅起來，幾經考量，陳芬蘭決定留在故鄉發展。

陳芬蘭最後從台語歌壇轉向國語歌壇發展，陸續灌了「郊道」、「淚的小花」、「莫待失敗徒感傷」、「幾時再回頭」等唱片，其中「幾時再回頭」、「情人再見」、「淚的小花」都成為紅極一時的流行歌曲。

一九七二年，作曲家翁清溪為陳芬蘭寫了兩首膾炙人口的歌曲，分別是「月亮代

陳芬蘭的歌聲低沈渾厚，唱起抒情歌曲，別具風味。

表我的心」及「夢鄉」。經過多年的走唱生涯，陳芬蘭累得決定離開這個圈子，遠赴美國西雅圖華盛頓州立大學念大眾傳播。因此，歌一灌好，她就迫不急待地離開台灣，沒有為這兩首歌助陣。兩年後，歌手劉冠霖重唱這首歌，為她打開知名度，但真正把這首歌發揚光大的是鄧麗君。卻很少人知道原唱人是陳芬蘭，陳芬蘭版的「月亮代表我的心」失傳已久，近日又重新出土。

陳芬蘭以清亮純情的嗓音，讓台語歌脫離悲情、迫迫味，之後轉入國語歌壇，也唱紅了許多歌。

1967年，陳芬蘭從台語歌曲轉向國語歌壇發展，其中「幾時再回頭」、「情人再見」、「淚的小花」都成為紅極一時的流行歌曲。作曲家翁清溪為她寫過不少曲子，其中「夢鄉」最受歌迷喜愛。

陳芬蘭在走紅時，拍了好幾部電影，這是1969年她與關山（中）、紫蘭（左）演出《淚的小花》。

陳芬蘭的國語唱片大部分在麗歌唱片錄製。

　　民國八十七年，陳芬蘭和作曲家紀利男老師合灌了一張「楊三郎、台灣民謠交響樂章紀念專輯」，之後，她又灌了一張「難分難捨」的專集。目前陳芬蘭在東京組成一個歌友俱樂部，教日本友人認識中國文化，她認為「這也是另外一種鄉情的宣洩吧！」至於歌唱，她說，只要有機會她還會再唱。

張 琪

野丫頭變鳳凰

1947年生

本名：張友琴

代表歌曲：空谷傳聲、杯酒高歌、情人橋

哎……哎……白雲飄飄，

小船搖又搖，沒到家門嘛先到情人橋，

沒呀到家門嘛先到情人橋。

先到情人橋，岸上瞧一瞧，

瞧瞧情哥嘛等得可心焦。

情哥莫心焦，小妹回來了，

幾呀年沒見嘛哥哥你可好……。

十七歲那年，張琪踏入社會工作，不久進入歌壇，這是她初進歌壇的模樣。

這首改編自雲南民歌的「情人橋」，一九六五年由張琪唱紅後，就成了她的招牌歌；在此之前，國內的唱片都是十吋黑白封面，「情人橋」推出後，才改為十二吋彩色封面。張琪可以說是見證了唱片由「黑白」轉換成「彩色」的時代歌星。

張琪，本名張友琴，一九四七年出生在江西。父母一生下她，就把她交給養父母。當政府遷台時，張琪隨著養父母來到台灣，一直到十幾歲，她才知道自己不是爸媽的親生女。好在養母視她如己出，對她的照顧無微不至，她也視養母為親娘，噓寒問暖，沒有一天斷過。

十一歲那年，濫賭的養父欠下一屁股賭債，在走投無路下，決心將張琪賣給私娼寮。所幸養母挺身相護，當時憤怒的母親抓起一把菜刀，要跟養父同歸於盡，激烈火爆的場面把張琪嚇壞了。養父自知拗不過養母，最後才放過張琪。張琪總算死裡逃生，躲過一劫。這驚心動魄的一幕，在她幼小的心靈，留下不可磨滅的印象。

張琪後來走紅後，一直以活潑、快樂的造型出現，帶給歌迷數不盡的歡樂，從未提起她是在一個支離破碎的家庭成長，童年是在忍受飢餓、恐懼、無助的日子裡度過的，那真是一段不堪回首的坎坷歲月啊！

與謝雷成為第一對「歌壇情侶」

張琪走入歌壇，其實也是因為家庭的需要。十七歲那年，張琪踏入社會，在一家幼稚園擔任老師，當時，她才是個高一只念了半學期的青少年，因為養父認為她可以賺錢了，於是強迫她休學，找工作幫他還債。

張琪與謝雷是歌壇情侶，由於兩人分屬不同的唱片公司，「傻瓜與野丫頭」遂成了他們合作的唯一一張唱片。

張琪與謝雷這一對台灣歌壇最早的歌壇情侶，將「傻瓜與野丫頭」唱到家喻戶曉，幾乎人人都能琅琅上口。

1967年，張琪獲選白花油小姐，頒獎典禮在香港舉行，由娃娃影后李菁為她戴上后冠。

所幸天無絕人之路，在幼稚園任教時，剛好碰上警察廣播電台舉辦歌唱比賽，自幼喜歡歌唱，聲音甜美的張琪，在校時曾以一首「天倫歌」獨占鰲頭。得知警廣招考，她立刻把握這個機會報名參加，結果竟奪得冠軍，第二名就是謝雷，兩人日後走紅歌壇，並成為第一對「歌壇情侶」，至今聲名不輟。

張琪歌聲高亢嘹亮，舞台表演十分活潑，特別是她演唱「杯酒高歌」的表演，受到老中青歌迷的喜愛。1969張琪還當選第一屆白花油慈善皇后，並赴香港接受加冕。

張琪初出道時，曾在幸福合唱團林福裕老師的指導下，學習歌唱技巧及聲樂，而且灌錄了多張膾炙人口的唱片，像「十七十七正當年」、「空谷傳聲」、「黃色的小櫻桃」、「昨夜又在夢中遇見你」，還有「騎馬到春郊」等，都十分耐人尋味。可惜這些最早期的好聽歌曲，都沒有留下來，現在已無跡可循，對喜愛聽老歌的朋友來說，實在是一項損失。

張琪不但孝順，拉拔弟妹也不餘遺力，成名後她把妹妹張琴帶進歌壇，姊妹倆的精彩表演，成了娛樂圈的佳話。

張琪是台視「群星會」時期，最重要的女歌星之一。

張琪的歌唱生涯長達三十年，之後轉換跑道，依然做得有聲有色。

堅持扮演活潑、樂觀的角色

　　張琪與謝雷搭檔多年，兩人始終沒有迸出愛情的火花，主要是兩人個性並不相同：一個愛靜，一個愛動，同台獻唱還可以，要想朝夕相處，纏綿一世可不容易。活潑愛動的張琪共結過三次婚，但是，三次婚姻大戲的男主角都是同一人——楊靜塵。這樣的情節安排，難免讓人好奇，兩人究竟是怎麼回事？為什麼分分離離？主要是孩子不忍父母離異而從中撮合。再加上夫妻之間那種刻骨銘心的愛，讓兩人分手後，又興起「對你懷念特別多」，終於破鏡又重圓。

　　張琪除了「情人橋」外，還唱紅了許多歌迷百聽不厭的歌曲，像「杯酒高歌」、與謝雷合唱的「採紅菱」、「傻瓜與野丫頭」等，至今令人回味無窮。另外她還為電影「鳳陽花鼓」、「黑牛與白蛇」、「王寶釧」作幕後代唱。

張琪在最紅的時候披上嫁衣，她不愛金、不愛銀，只愛阿哥一片心。

人說人生如戲、戲如人生，張琪在她的人生大戲中的演出可說是精彩萬分：從童年在貧困環境中成長，青春時期嚐盡苦頭，一心一意努力向上成為紅透半邊天的名歌星，到了中年投入人壽保險工作，創造事業第二春，以及終生奉獻社會擔任義工，每一個時期，她都全力以赴，演活了每一個角色。

張琪常說，雖然老天給她的戲碼和角色，並不是挺好，可是戲的情節卻由她親自執筆操控，她堅持扮演一個純情、活潑、善良、熱心、堅忍、樂觀的角色。不論在逆境或在順境，她都能積極向上，讓生命中高潮迭起，每一個階段都有不同的風光。

小時候，張琪的人生目標只求溫飽，長大後，她努力賺錢，為了是給家人過好日子。婚後，她養兒育女，讓子女都能讀到大學以上，她沒有拿到的文憑，孩子們都替她拿到了。但是，那終究是孩子的，不是她的。今年五十出頭的張琪，一直有個心願，她要重回學校，拿到她夢寐以求的大學文憑。張琪相信，以自己不向環境低頭的毅力及勇氣，她一定可以達到這個心願。

張琪的婚姻彷彿一齣連續劇，令人看得目不暇給；三次婚姻，分分合合，先生永遠是同一人。這是夫妻第三次穿上結婚禮服，兒女分飾花童。螢幕上終於打出「劇終」兩個字。（新婚情報／提供）

張琪帶著四歲的愛子去游泳，看得出來，當時她心寬，體重自然不輕。

寶島歌王

謝 雷

1940年生

本名：謝茂雄

代表歌曲：蔓莉、苦酒滿杯、阿蘭娜、做人就要講道理、酒國英雄

人說酒能消人愁，
為什麼飲盡美酒還是不解愁，
杯底幻影總是夢中人，
何處去，尋找她，
我還是再斟上苦酒滿杯。

大家來唱苦酒滿杯

一九三六年，台灣作曲家姚讚福與作詞家陳達儒，共同創作了一首台灣歌曲「悲戀的酒杯」，當時並未引起太多人的注意，豈知三十年後，也就是民國五十五年，海山唱片將這首歌改成國語歌曲，由慎芝重新填詞，謝雷演唱，推出後轟動全台，連帶的也使岌岌可危的海山唱片，得以重振昔日的聲威。「苦酒滿杯」銷售的盛況，現代人很難想像；當時，謝雷在台北後火車站開了一家「阿哥哥唱片行」，「苦酒滿杯」發飆時，單是「阿哥哥」唱片行每天就可以賣掉三、四百張唱片；整日裡顧客川流不息。每次唱片公司到土城補貨，都要用鐵牛車運載而來。通常鐵牛車剛到，等在唱片行門口的歌迷，就迫不及待上前搶唱片，外務員不用下貨，所有的唱片就都被搬光了，實在驚人。

彰化有一家唱片行，不到一年售出四萬張「苦酒滿杯」。平均一天要售出一兩百張。謝雷為了感謝這家唱片行，還專程到彰化向老闆致謝，結果引來大批歌迷圍觀，把附近的交通擠得動彈不得，最後只好請來交通警察幫忙解困。由於「苦酒滿杯」太暢銷了，引起翻版者的覬覦，一張二十五元的唱片，翻版只賣十元。推出後銷售量直逼正版唱片。

當年海山派出大批人馬到全台各地去抓翻版，但是成績有限。主要是國內對著作權並不重視，翻版別人的作品，也不認為有何不對。在這種情況下，叫座的唱片就成了各家爭相出版的對象。

謝雷最早是環球唱片的歌星，這是他第一張唱片的封面，灌錄的時間是1964年3月。

「苦酒滿杯」造成轟動，宣傳陳和平扮演很重要的角色。當時還沒有電視打歌這玩意，廣播是小市民最常接觸的媒體，陳和平於是帶著唱片，從基隆到屏東，一家家拜訪民營電台，請電台播放「苦酒滿杯」。

想不到這一招相當奏效，透過強有力的廣播，不到一個星期，大街小巷都可以聽到這首悅耳中帶著傷感與無奈的歌曲，一波波的歌迷湧進唱片行指名要買「苦酒滿杯」。這首歌也成了各學校康樂活動中大家爭唱的歌曲。

謝雷在海山唱片前後灌錄二十二張唱片，受歡迎的程度可見一斑。

謝雷在環球灌了七張唱片，1967年加盟海山唱片，一曲「苦酒滿杯」讓他紅透半邊天，這首歌也成為謝雷的招牌歌。往後他重錄此曲，前後超過十次。

謝雷當年與五花瓣合唱團的演出是四、五年級的的共同記憶。

敬業的長青樹

正當「苦酒滿杯」在國內走紅的當兒，新聞局卻下令禁唱這首歌曲，原因是「歌詞低俗消極，對復興基地有不良影響，嚴重影響人心」。禁令中還指出最後一句「讓我去沈醉吧！我還是再斟上苦酒滿杯」尤其不雅，有鼓勵民眾頹廢之嫌，因此禁唱。

「苦酒滿杯」禁唱後，國內媒體出現難得一見的筆戰；一些衛道人士很贊成新聞局的明快處置，認為此曲的確不雅，會腐蝕人心，甚至有人舉出，許多阿兵哥也迷上這首歌曲，他們在早餐喝豆漿時，紛紛唱出「我還是再斟上苦酒滿杯」，成何體統，不要等中共來攻打我們，我們自己就會先滅亡了。但是另一派卻反對有關單位如此處置，他們認為，音樂不過是娛樂的一種，任誰也不會聽了一首歌就變得意志消沈，這根本是杞人憂天，太不懂得欣賞歌曲。幾乎是意料中的，「苦酒滿杯」愈禁賣得愈好。根據海山統計，「苦酒滿杯」銷售量突破一百萬張，這還不包括翻版在內。

謝雷因「苦酒滿杯」享譽歌壇，相對地，他對此曲也特別有感情，曾先後灌錄過九次。除了主打歌叫座外，其他副歌，如：「曼莉」、「為了你」、「阿蘭娜」等，也十分悅耳動聽，可說是一張支支動聽的唱片。這也是這張唱片能夠引起廣大歌迷購買的原因之一。

謝雷是國內歌壇少見的長青樹，他自民國五十二、三年踏入歌壇，三十多年來，嗓音並沒有太大的變化，依舊有新片發行。多年前，他由國語歌壇轉往台語歌壇發展，陸續推出「酒國英雄」、「男性飄泊的氣慨」、「愛的呼聲」、「醉醉醉」，都有不錯的銷售量，是資深歌手中成績相當突出的一位。

一九九八年七月，謝雷與青山、金燕、楊燕等人到香港紅磡體育館表演，節目進行中，謝雷突然心肌梗塞痛得無法張口，敬業的他仍支撐著唱完三首歌曲，步下舞台就倒地不起，幸虧及時搶救才撿回一命。在香港醫院待了近兩個月，八月底才回到台灣，雖然身體已無大礙，但元氣較弱。經過這次意外後，謝雷終於體會到健康的重要，今後會好好珍惜自己的身體，再為歌迷灌錄好聽的歌曲。

謝雷一生未婚，卻在他主演的電影中完成這個美夢。左為江楓。

二〇〇三年六月，謝雷首度在國內舉辦個人演唱會，票房很好，顯示這位資深歌手的確寶刀未老。

謝雷灌錄的唱片難以估計，甚至灌唱的閩南語歌曲，也同樣叫座。

謝雷獻身歌壇四十年，是國語流行歌曲的長青樹。

謝雷至今仍活躍舞台，經常可在老歌演唱會上看到他的演出，是台灣流行音樂的代表人物之一。

盈淚歌后

姚 蘇 蓉

1946年生

本名：姚蘇蓉

代表歌曲：負心的人、今天不回
家、家在台北、愛你三百六十五
年、像霧又像花

今天不回家……
徘徊的人，徬徨的心，
迷失在十字街頭的你，
今天不回家，
為什麼你不回家？

民國五十八年，大眾電影公司推出一部由白景瑞導演，甄珍、武家麒主演的電影《今天不回家》。片中有三首左宏元譜的插曲，由當時紅透半邊天的歌星姚蘇蓉演唱，其中主題曲「今天不回家」轟動一時，大人小孩都會哼唱。

淋漓盡致的演唱方式

姚蘇蓉在演唱「今天不回家」之前，已經因一首改編日文歌曲「負心的人」走紅歌壇，「今天不回家」將她的歌唱事業推向高峰，成了炙手可熱的紅星，經常受邀赴東南亞演唱，而且一去就是一年，受歡迎的程度可想而知。

民國五十二年，香港的凌波以《梁山伯與祝英台》征服寶島，想不到七年後，姚蘇蓉帶著「今天不回家」在香港登台獻唱，不僅造成滿坑滿谷的盛況，也使這張在港發行的唱片，創下史無前例的銷售量。香港這個彈丸之地，居然賣出六十萬張，讓發行此片的海山唱片公司跌破眼鏡。

說起姚蘇蓉在港受歡迎的程度，比起今天港星在台受寵的場面，可說是有過之而無不及。民國五十九年九月姚蘇蓉首次赴港時，邵氏電影總裁邵逸夫親自去捧她的場，對她的歌藝極為賞識，派人與姚傾談，希望她為邵氏拍片。

1971年，姚蘇蓉赴港獻唱，熱情的歌迷穿著姚蘇蓉穿過同樣款式的服裝歡迎她。

正聲廣播公司
歷屆歌唱比賽
冠軍唱片第八輯

正聲廣播公司監製　華聲唱片公司出品

姚蘇蓉（前排右一）是從正聲電台歌唱比賽脫穎而出，這是她與歷屆得獎人合灌的一張珍貴唱片；有夏心（由左往上）、張明麗、王慧蓮、吳靜嫻、楊燕（姚蘇蓉旁）等人。

香港作曲家黃霑公開讚揚姚蘇蓉，說一首原本平鋪直敘的二、三流歌曲，經過姚蘇蓉的詮釋後，竟然有了可喜的生命，而且有了濃郁、纏綿的情感，讓聽眾打心理感動。

姚蘇蓉唱歌專注，感情奔放。唱到深情處，經常淚如雨下，因此有「盈淚歌后」的封號。

五十九年十二月姚蘇蓉二度赴港，在這之前，香港夜總會為了爭取她，展開明爭暗鬥，互出奇謀，其中一家夜總會以志在必得的手法向姚遊說，每晚付給她六千元的港幣，演唱一個月。當時香港歌星每個月最高薪酬的也不過一萬元，姚卻以一個月十八萬元的天價獻唱。消息傳開後，轟動港九，成了香港市民茶餘飯後的趣談。

分析姚蘇蓉走紅香港的原因，主要是她的演唱方式。早年演唱國語流行歌曲的藝人，演唱方式十分斯文守舊，姚蘇蓉則完全不同。在舞台上，她又嘶又喊，隨著歌詞內容表達豐富的感情，並配合音樂旋律夾帶動作，使臉部更富於感情，完全把自己放開，淋漓盡致地發揮了歌中所要表達的東西，絲毫不加掩飾。

姚蘇蓉也不在乎面部表情，以致經常看到她因過分專注而扭曲了臉部的五官，脖子的青筋整個暴出來，雖然不太雅觀，卻讓人動容。唱到深情處，往往淚如雨下，因此有「盈淚歌后」的封號。

由於姚蘇蓉把國語歌曲打入國外市場，使國內後來赴東南亞演唱的藝人都大受歡迎。台灣出品的國語流行歌曲，也因此紅遍東南亞。

新人競相翻唱她的招牌歌

姚蘇蓉唱紅的歌曲不少，當別的藝人還在翻唱香港及日文歌時，已有作曲家針對她的歌路為她寫歌填詞，像「又像細雨又

姚蘇蓉的成名歌曲全部都在海山唱片灌錄。

像風」、「像霧又像花」、「我與咖啡」、「不要拋棄我」、「家在台北」等，都是歌迷百聽不厭的歌曲。

前後唱過兩百多首歌的姚蘇蓉，儘管歌藝受到海內外同胞的歡迎，但是在民風保守的那個年代，她的歌曲在國內多半成了禁歌，前後估計有八十餘首，像「負心的人」、「偷心的人」、「今天不回家」、「我為你癡迷」、「愛你三百六十五天」、「你把愛情還給我」等，都曾一度遭禁。理由是歌詞大多講灰色的男女情感，容易誤導社會善良風氣。「今天不回家」剛剛唱紅，立刻遭到禁唱，有整整十年不能在公開場合演唱。

民國五十八年八月，姚蘇蓉應邀到高雄

1993年，姚蘇蓉參加金馬獎頒獎典禮，她造型搶眼，唱作俱佳，為典禮帶來高潮。（郭肇舫／攝影）

近年來，姚蘇蓉絕少露面，任何邀請她都婉拒，歌迷只好從老唱片回味她的歌聲。

金都樂府獻唱，由於「負心的人」在南部相當走紅，只要姚蘇蓉一登台，歌迷就大叫，希望她演唱這首動聽的曲子。姚蘇蓉總是禮貌性地說對不起，這首歌已遭禁，她不能破禁，希望觀眾原諒。前幾天還相安無事，但是到了後來，要求她演唱「負心的人」愈來愈多。

姚蘇蓉為了報答歌迷的支持，顧不得此曲已經遭禁，連著幾天在歌廳大唱「負心的人」。想不到八月十八日那天，高雄市警局前金分駐所就派人把姚蘇蓉從台上叫下來，並把她帶進派出所做筆錄。姚蘇蓉的演唱證被沒收，迫使她轉到香港發展，未料卻為她打開另一扇門窗。

時代畢竟不同了，多年後，不斷有新人翻唱姚蘇蓉早年唱紅的歌，一九九六年中影公司還拍了一部由張艾嘉執導的電影《今天不回家》，並加入這首當年轟動一時的老歌，由偶像歌手杜德偉重新詮釋，效果甚佳。

定居新加坡的姚蘇蓉早已脫離歌壇，一九九八年金馬獎有意請她回國演唱她當年唱紅的歌曲，但是一直無法與她取得聯絡。最後姚蘇蓉透過家人轉告，目前她生活安定，不想曝光，只希望平平實實的生活，當年的歌聲就讓它隨著歲月遠去吧！

話雖如此，但是喜愛姚派歌聲的歌迷，又如何忘得了她那富於感情，讓人打心裡感動的歌聲呢！

姚蘇蓉的歌藝出色，經過她的詮釋，一首普通的抒情歌曲也能唱得如泣如訴。

青　山

依舊在，老歌正當紅

放棄正統聲樂，改唱流行歌曲

青山，本名張鐵嶽，一九四五年生，浙江人。青山六個月大的時候，正逢抗日勝利，一家人隨著父親的部隊到了台灣，從此就在這裡生根茁壯。

青山生長在一個保守的家庭；父親是軍人，每天有忙不完的事，母親是典型的家庭主婦，生活的重心就是服侍先生，照顧兒女。青山從小就喜歡唱歌，每天嘰嘰喳喳唱個不停，由於父母都忙，無人注意他這方面的天賦，甚至還斥責他唱歌會妨害兄長讀書。

1945年生

本名：張鐵嶽

代表歌曲：淚的小花、淚的小雨、情難守、尋夢園

在雨夜裡飄落下，
黃的花白的花，
帶雨的花使我想起了她，
就像是含笑的她。
為了什麼，總把頭兒垂下，
默默地不說一句話，
見她淚下，見她不說話，
真叫我放不下。

早年，台灣演唱的國語流行歌曲大部分是沿襲上海及香港流傳過來的歌曲，主要是當時台灣的作曲人相當少，沒有什麼歌曲可唱，廣播電台只好成天播放上海及香港的歌。除了上海及香港的歌曲，歌手翻唱日本及韓國的流行歌曲，也是一個救急的辦法，像國人熟知的「負心的人」、「意難忘」、「黃昏的街頭」、「月光小夜曲」等都是翻自日本歌曲。翻自韓國歌曲的有「情人的黃襯衫」、「心聲淚痕」、「我在你左右」等，這首「淚的小花」也是翻自韓國歌曲，當年是由青山唱紅。

青山在麗歌唱片灌錄了十張唱片，第一張是「前程萬里」，「船」是第五張唱片，灌錄的時間是1969至1970年間。（青山／提供）

進了中學，青山被學校選上合唱團，他興奮地大叫，因為終於有人發現他的專長。那段時間他經常會稚氣地捧著合唱樂譜，到處向人炫耀，還要唱幾句給鄰居小孩聽。青山對自己唱歌的天賦深具信心，相信自己有一天會在歌唱界闖出一番作為。

高中，青山進入台北市商夜間部就讀，白天在陸軍供應司令部上班，北市商是一所職業學校，音樂課只是點綴性質。青山以為這一生和音樂絕緣了，想不到北市商四年卻成為他生命的轉捩點。原來有一位音樂老師在聽了他演唱「偶然」，認為他是可造之材，一定要收他為徒，教他聲樂同時也練鋼琴。青山很認真學習，同時編織：「有一天我要站在世界舞台，為千千萬萬的人歌唱」的美夢。為了實現這個夢，整整四年，他都不停地唱，不停地彈。

高職畢業，青山原有意朝專業的音樂領域發展，他報考藝專音樂科，可惜沒有如願，照青山的說法：他有點自暴自棄，還帶點賭氣，決定放棄正統音樂的途徑，加入那些被正統音樂視為靡靡之音的流行歌曲，他以「我想忘了你」、「夏日戀情」兩首歌，成為林福裕領導的幸福合唱團的團員。

早年，台灣及東南亞時常舉辦最受歡迎的歌星選拔，青山經常獲獎，獎杯無數。

青山與婉曲是「群星會」時期的著名歌唱情侶。

青山從小就喜歡唱歌，每天曲不離口。

青山受過音樂訓練，歌聲渾厚，無論抒情歌曲、愛國歌曲，都難不倒他。

　　從進入幸福到他當兵的這段期間，是青山生命中最順暢、愜意的日子，他為唱片公司灌了好幾張唱片，雖然唱一首歌才兩、三百元，灌一張唱片也不過兩、三千元，但是看到印有自己名字的唱片，呈列在唱片行的櫥櫃中，內心就有說不出的興奮。除了灌唱片，青山還參加正聲電台「我為你歌唱」現場節目演唱。當時國內的娛樂事業開始起飛，極需歌藝出色的藝人，青山很快就竄起來了。

　　一九六六年，青山進入軍中服役，想不到他會唱歌的天賦竟為他帶來好運。當時反共義士李顯斌駕機投奔自由，軍中將他的故事搬上舞台，以歌舞劇的方式呈現。

主角由日後在香港邵氏走紅的宗華擔任，但是，宗華不會唱歌，需要有人幕後代唱。經過打聽，青山脫穎而出，為宗華捉刀。由於青山的歌藝出色，受到長官的重視，不久，就被借調到憲光藝工隊，又唱又演娛樂官兵。

唱遍星馬、香港

　　幸運之神似乎特別照顧青山，一九六八年五月青山退伍了，隔月就與麗歌唱片簽了三年合約，牽線的是翁清溪，翁清溪並把他介紹給需才孔急的台視「群星會」製作人慎芝。慎芝非常欣賞青山的歌藝，除了不斷邀他上節目，並安排他與婉曲搭檔，兩人最後成為大眾矚目的歌唱情侶，

聲譽日隆。慎芝還親自為愛徒填寫許多歌詞，這首「淚的小花」就是出自慎芝之手。另外還有「淚的小雨」、「情難守」等。

青山當紅時，不僅在電視、唱片界走紅，他還參加多部電影演出，連邵氏公司都對他頻頻招手，大導演李翰祥也看中青山的票房，籌拍「騙術奇譚」時就找他在戲中客串一角。那是青山的黃金時刻。

青山在麗歌前後灌了十張唱片，他的成名曲都是在麗歌灌錄的。之後，他轉到生產量最大、捧紅無數歌手的海山唱片發展。當時海山正是劉家昌的全盛之期，他旗下的弟子包括尤雅、甄妮、鳳飛飛，各個都是歌壇獨當一面的紅歌手，唱起劉派的歌輕鬆自如，只有青山不習慣這種又轉又彎的唱法，再加上劉家昌也沒有專為青山寫歌，導致青山在海山兩年幾乎交了白卷。

「青山不老，綠水長流。」青山亦是歌壇另一棵長青樹。

青山與婉曲是歌壇著名的歌唱情侶，兩人不但在電視上以情侶出現，即使在歌廳演唱亦不例外。

人生有得有失，離開海山，青山未再與國內任何一家唱片公司簽約，而且遠赴國外演唱，一去就是大半年。顧得了海外市場，自然就管不了國內市場，時間一久，青山逐漸被國內歌迷淡忘了。倒是星馬、香港一帶，青山的招牌還是十分響亮。一九七三年結婚的青山，婚姻只維持了十二年。為了全心照顧孩子，青山選擇淡出歌壇。近年來由於孩子大了，青山出來演唱的次數才多了起來，但一顆心仍掛在孩子身上，一旦唱歌與孩子的事情發生衝突，青山往往是捨唱歌而牽就孩子，他真是孩子心目中的好父親。

1995年，青山應李麗華之邀，前往新加坡，與小咪姊同台演唱「娘惹與峇峇」。

青山、冉肖玲、秦蜜在「群星會」時期，即結為好友，日後經常聚會。

對你懷念特別多

楊小萍

金嗓金曲
不了情

1944年生

本名：楊秀華

代表歌曲：夢醒不了情、酒醉的
探戈、對你懷念特別多

一場夢空歡喜，
夢醒的時候不見你，
癡心的我，
癡心的我，
以為是已經得到你，
我到哪裡，
到哪裡去找你，
癡心的我，
癡心的我，
我為你傷心到底⋯⋯

　　一九六一年六月，警備總部在沒有任何
預警下，查禁了二百五十七首國語歌曲，
市井小民喜愛的「三年」、「假正經」等全
部遭禁。一九七三年，新聞局從警總的手
中接管歌曲查禁，到一九七九年，共有四
百三十八首內容觸犯有關法令予以查禁。
這首由古月作曲，莊奴填詞，楊小萍主唱
的「夢醒不了情」，就是在這一波查禁中！
理由是歌詞不雅。很多人也許不記得此曲
遭禁的往事，但對楊小萍唱紅的這首歌

曲，卻不會忘記。「夢醒不了情」是楊小
萍歌唱生涯中，真正讓她開竅的一首歌，
意義非比尋常。

考上「藍天康樂隊」

　　楊小萍，本名楊秀華，一九四四年生，
台灣彰化人，在彰化溪湖唸完初中一年級
時，楊小萍接到學校留級的通知，本來就
不愛讀書的她，乾脆一本書也不留全部給
丟了。閒在家裡無事，有一天，和哥哥到
台北玩，正好「藍天康樂隊」在招考演
員，抱著好玩的心理，楊小萍和哥哥一起
報名，結果只有她一個人錄取，那是一九
六一年的夏天。

楊小萍因為唱了「夢醒不了情」，才對歌唱有了進一步的認識，但是這
支歌很快就被禁唱，但不影響楊小萍的聲望。

興沖沖地回家報喜，誰知家人反對。一個女孩家跑到台北，說什麼也不准。後來藍天一再來催，楊媽媽才陪著女兒親自北上，看看究竟是怎麼一回事。

楊小萍的父親在溪湖經營戲院，經常要到各地去接洽戲班子來戲院演出，由於環境因素，楊小萍有很多機會接觸到演藝人員，逐漸培養這方面的興趣。還在唸書時，楊小萍就喜歡唱唱跳跳，不時在人多的場所露一手。

楊媽媽在台北待了三天，經過「藍天」隊長的詳加解說，才放心把女兒留在台北。當時與楊小萍同時接受訓練的還有白嘉莉、冉肖玲、黃小冬等人，日後也都各有成就。

雖然「藍天」有專人傳授舞蹈，楊小萍仍自掏腰包在外面學習其他的舞藝。很快地，她就成了藍天的台柱。後來統一飯店組織舞蹈團，邀請楊小萍去表演並擔任團長一職。這時候楊小萍父親的戲院已結束生意，沒有經濟來源。為了照顧家裡，楊小萍接受統一的高薪，離開待了三年的「藍天」。

棄影就唱開始走紅

當時在統一表演的還有林松義、張瑠瓊等人，每次演出都是大型歌舞劇，除了跳舞楊小萍還負責歌唱，和另一位身材相當，歌喉、舞藝亦不差的張燕燕搭檔演出，載歌載舞，頗受歡迎，後來兩人還常

上早年電視的綜藝節目，有些觀眾可能還有印象，當時的楊小萍長相甜美，身材嬌小，非常討人喜歡，後來便自己單飛了。

楊小萍出身藍天康樂隊，與冉肖玲、白嘉莉，黃小冬是同期學生，日後各有成就。

楊小萍除了歌唱、舞蹈外，也跨進影壇拍電影，像和白蘭演出的《賊仔狀元材》、與魏少朋搭檔的《全家福》，還有《五色仙女》、《紅孩兒》，這些影片都是小成本，談不上成績，自然成不了大名，但已受到電影界的注意，之後也拍了幾部國語片，只是都不是要角。

楊小萍在拍《長江二號》時，認識了該片副導宋廷美，當時，楊小萍已經有點名氣，與宋廷美交往後，覺得任何事都不重要，在這個世界，只有他們的愛情，才是最神聖、最完美的。但是，家人強烈反對，認為兩人無經濟基礎，不能只靠愛情吃飯。

熱戀中的男女是聽不進這些的，交往一年半後，楊小萍瞞著家人，偷偷與宋跑去公證結婚。可惜這段姻緣只維持三年，主要是彼此忙於自己的工作，聚少離多，又疏於溝通，感情自然就淡了，最後終於分道揚鑣。離了婚的楊小萍遂把全副精神放在歌唱上，她真正走紅就是從此開始，唱片一張接一張灌錄，估計有四、五十張之多。

鼻音特殊別有滄桑味

楊小萍的歌聲低沈，再加上特有的鼻音，因此給人濃厚的滄桑味，也形成她獨特的風格；有些歌曲經她詮釋別有風味，像「酒醉的探戈」、「獨木橋」、「夢醒不了情」、「春天裡的秋天」，她本人最偏愛「對你懷念特別多」這首歌曲，認為是她唱得最過癮的一首歌。

楊小萍共有兄弟姐妹十一人，她排行老五。這個老五也是全家最顧家的，家裡大大小小的事都由她打點。多年來，楊小萍一直把歌唱當成主要事業，全力經營，成績有目共睹，所以有能力持續不斷改善家庭的生活。她的妹妹楊雅卉、弟弟楊慶煌也在她的照顧下，進入演藝界發展。

楊小萍的歌聲低沈，再加上特殊的鼻音，給人濃厚的滄桑味，也形成她獨特的風格，這是她與謝雷在一場晚會中合唱。

楊小萍也是歌壇有名的理財高手，除了有多棟不動產外，幾年前她在新竹科學園區投資電腦雷射公司，獲利不少；近年又和友人合夥生產「乳酸菌」，搭上流行的「體內環保」熱潮，大家都讚美她做的都是最先進的電腦和生化科技，她卻客氣地說，她只是投資，哪裡懂這些高科技的東西。

楊小萍有兩個小孩，目前在美國就讀，且都是數學資優生，這是楊小萍最感欣慰的事，她很遺憾年輕時沒有讀太多書，想不到兒子為她掙得顏面。雖然不再做職業性的演出，但碰到好友相約，她還會出現電視，為老歌迷獻上幾首令人回味無窮的老歌。

楊小萍走紅時，還拍了不少電影；1976年的《咖啡美酒檸檬汁》就是其中的一部。合演的有林鳳嬌、秦漢、王釧如，都是大牌，楊小萍不但演出，還主唱全部插曲，可謂一魚二吃。

楊小萍相當顧家，她的妹妹楊雅卉（左），也在她的照顧下進入歌壇發展。

楊小萍在海山灌錄不少唱片，「後悔愛上你」是後期的作品。

深情滿人間

才女歌手

翁 倩 玉

1950年生

本名：翁玉惠

代表歌曲：祈禱、珊瑚戀、溫情滿人間、再會、十七歲、海鷗

讓我們敲希望的鐘啊，
多少祈禱在心中，讓大家看不到失敗，
叫成功永遠在。
讓地球忘記了轉動啊，
四季少了夏秋冬。讓歡喜代替了哀愁，
微笑不會大害羞。
讓貧窮開始去逃亡啊，
快樂健康留四方，讓世間找不到黑暗，
幸福像花開放。

　　喜歡聽國語老歌的朋友，對這首由旅日紅歌星翁倩玉唱紅的「祈禱」，想必不會陌生。這是翁倩玉的父親翁炳榮過五十歲生日時，特別送給愛女的一首歌。「祈禱」詞意淺顯，意境深遠，蘊涵著父親對女兒的愛，也傳達著他這一生追求世界和平的最大願望。灌錄的時間在民國六十三年左右。

十歲即踏入日本演藝界

　　翁倩玉有許多歌曲是她父親填詞，再配上日本曲子，除了「祈禱」外，像她在台

的成名曲「珊瑚戀」，還有「溫情滿人間」、「初戀的滋味」、「戀愛的路多麼甜」等，都是由翁父填詞。在歌壇父女倆合作的例子並不多見，翁炳榮與翁倩玉是一個開端，相當受人注目。

翁倩玉雖然在日本發展，但經常回國主演電影及灌錄唱，這是她十六、七歲回國留下的倩影。

翁炳榮曾在中國廣播公司擔任節目部經理，之後到日本發展，並擔任中廣駐東京代表。出生台南的翁倩玉當時才兩歲，一家人隨父親移民到日本。自幼在日本成長的翁倩玉，在父母的薰陶下，仍然保有中國傳統女性溫柔典雅的氣質，這是她深受台灣影迷喜愛的原因，儘管她的國語說得並不是很標準，但無損影迷對她的偏愛。

1966年，旅居日本多年的翁倩玉，穿了一身阿哥哥裝，在母親陪同下返台。

翁倩玉踏入演藝界的時間很早，十歲那年，她以童星的姿態參加美日合作，改編自賽珍珠小說的電影《大波浪》，同時主演第一部電視劇《三太物語》。此後忙碌的生活接踵而至，學習中、英文和閩南語，涉獵琴棋書畫，穿梭於電影、電視、唱片界，馬不停蹄為工作而付出，前後主演過近三十部電影，參與一千多部電視劇和舞台劇演出，發行過三十多張唱片及主持過各類型節目，多才多藝的風格，風靡日本，揚名國際。

翁倩玉十三歲開始接觸各類型的主持工作，十四歲躍升大銀幕擔任第一女主角，十六歲發行第一張唱片「黃昏的紅太陽」。此專集由日本哥倫比亞唱片公司發行，該公司是日本數一數二的唱片公司，日本著名歌手像美空雲雀、舟木一夫都是他們旗下的歌手。翁倩玉雖然是該公司的專屬歌手，但是公司對這張唱片並沒有抱很大的希望，主要是當時翁倩玉還在培養，需要時間磨練。結果這張唱片居然爆銷了五十萬張，打破任何新進歌手的銷售紀錄，令唱片公司驚喜萬分。

民國五十七年元月二十四日是翁倩玉十八歲生日，哥倫比亞公司特別為她舉行一次盛大的慶生宴會，許多日本導演、演員、作曲家、歌手當天都集聚到東京希爾頓飯店向壽星致賀。堆積如山的禮品、鮮花擺滿了各個角落。其中最有意義的一份禮物是翁倩玉初踏入電視的老東家——富士公司送給她的富士照相機，相當珍貴，令

翁倩玉穿了一件當時流行的迷你裙返國省親。

她愛不釋手。

多才多藝，揚名國際

　　在這之前，民國五十四年十二月，去國多年的翁倩玉首次返國，當時各報媒體均以大篇幅報導她的行蹤，並以「華僑之寶」讚譽這位在日本有傑出表現的藝人。兩年後，翁倩玉再度返國，同時將她在日本唱紅的「玉女的感傷」，交由作詞人慎芝女士譯成中文「再會，十七歲」。國人熟知的「珊瑚戀」，就是收錄在這張唱片（翁倩玉在台的首張專輯是海山唱片製作的「四個願望」，她早期大部分唱片均由海山發行）。也就是從這個時候起，翁倩玉陸續回台參加電影及電視的演出，同時灌錄唱片。

翁情玉走紅的歌曲大部分在海山唱片灌錄，這是她「溫情滿人間」的封底照片。

1969年，翁倩玉來台拍的第一部電影《小翠》，票房奇佳，日本也為之宣傳。

民國五十八年，剛開播的中視，為了打響招牌，特別邀請翁倩玉回國，主持一個大型的歌舞節目「翁倩玉之聲」，每月播出一次。中視投下比一般節目多出十倍的製作費，讓翁倩玉在節目中大顯身手，翁倩玉也不負眾望。她除了在節目中載歌載舞外，並邀請國內知名的藝人上電視，同時把鏡頭拉到日本。許多日本著名的藝人，都是透過翁倩玉的介紹，進一步為國人熟知。當時電視禁止用日語播出，因此，翁倩玉訪問的日本藝人都要會說英語。像日本著名的藝人山崎，在節目中模仿日本著名歌星的演唱神情，饒富趣味。隔了不久，國內也爭相推出此一類型的節目。

每個人都有自己的夢想，翁倩玉也不例外。民國六十一年，翁倩玉在一篇〈我的夢〉文章說，她有三個夢想，分別是開服裝店、設計布料式樣及成為髮型美容師。事實上，民國六十年，翁倩玉就在東京六本木附近開了一家服裝店，店名叫「茱蒂斯」，生意相當好。翁倩玉很喜歡動腦筋想怎樣才能使女孩子穿得漂漂亮亮，她對編織很有興趣，能夠用毛線織出洋裝、套裝、小背心及各式各樣的時裝。她曾穿了一件自己織的毛衣在日本電視台演唱。隔了不久，翁倩玉就發現許多人模仿她的毛衣。

民國六十七年後，翁倩玉較少在國內錄製唱片，主要是她太忙，再加上適合她演唱的歌也不多。直到十年後，她才在歌林公司的邀請下，灌錄了「含羞草」這張專

旅居日本多年的翁倩玉看起來依然十分「中國」，她橫跨影、歌、主持、服裝、餐飲到今日的版畫，樣樣有成。（光華雜誌／提供）

輯。民國八十三年，她又應音樂田唱片公司之邀，把她當年唱紅的「海鷗」、「祈禱」、「珊瑚戀」、「溫情滿人間」等重新詮釋一遍。不只是老歌迷喜愛這些有韻味的歌，翁倩玉本人對這些歌也念念不忘，每次登台獻唱，一定少不了這些歌曲。

翁倩玉從七歲踏上舞台到今天仍是聚光燈下的人物。

翁倩玉不輕言退休，目前仍活躍於藝文圈。（光華雜誌／提供）

歌壇長青樹

余　天

1947年生

本名：余清源

代表歌曲：含淚的微笑、又是黃昏、讓回憶隨風飄、榕樹下

路邊一棵榕樹下，
是我懷念的地方。
晴朗的天空，涼爽的風，
還有醉人的綠草香；
和妳繞過小路彎彎，
情人山坡看斜陽，
晚霞照上妳的臉，
情話綿綿說不完，
啊……
妳可想起榕樹下，可曾想起綠草香。

　　台北市政府文化局在二〇〇〇年，舉辦一項「台灣百年歌謠——世紀金曲票選活動」；歌迷耳熟能詳的「榕樹下」，被票選為「國、台語翻譯唱曲」的第三名，僅次於江蕙的「傷心的酒店」、陳盈潔的「海海人生」，是唯一進榜的國語翻唱曲。「榕樹下」當年在台灣走紅的程度，絕不輸給張學友的「吻別」，主唱者余天至今仍活躍於演藝圈，主持節目、海外演唱、出專輯，熱度不減，堪稱是歌壇的長青樹。

　　台灣早年沒有版權問題，唱片公司直接購買日文唱片，聽到那首歌好聽就找人填詞，然後再隨便掛個作曲人。作詞人慎芝是填詞的高手，「榕樹下」就是她寫的詞。余天當初不知道「榕樹下」是日本歌，唱了大半年，有一天突然聽到有人唱日文版的「榕樹下」，才知道這首歌跟他以往唱的「能不能留住你」、「午夜夢迴時」、「追夢」，都是翻自日本歌曲。

1965年，余天以毛遂自薦的方式到台視唱歌，結果被慎芝發現，努力栽培他。

1966年，導演張英邀他參加電影演出，這是他與越南女星沈翠姬合作的《西貢無戰事》。

「音樂的媽媽」慎芝栽培有加

余天本名余清源，一九四七年生，新竹人。新竹有兩項盛行的風氣；一是體育人才輩出，二是音樂普受重視，也許是受環境的影響，余天從小就和運動、歌唱結了不解之緣。余天的書讀得不怎麼樣，倒是他的運動成績，讓人刮目相看。余天擅長田徑，鐵餅、鉛球、棒球，特別是鐵餅，還獲得縣運保持紀錄的成績。余天的高中體育老師曾嘲弄他不該改行唱歌，如果在體壇發展，成績會更好。事實上，余天本人也未料到，日後會從事歌唱這一行業，而且一唱就是大半輩子。

十七歲那年，閒居在家的余天，懷著好玩的心情，參加台聲電台和電塔唱片聯合舉辦的歌唱比賽，脫穎而出。之後，他又參加復興、中廣電台的歌唱比賽，再度奪得冠軍，這個時候台灣剛有電視，於是他向台視毛遂自薦，居然得到回應；先在「綠島之夜」演唱，結果竟被「群星會」的製作人慎芝發現，認為他國語雖然發音不準確，但是很有潛力，於是問他會不會唱國語歌曲？余天立刻點頭稱會。才不過在電視上露了兩次面，觀眾愛慕的信函就如雪片飛來。

1970年，余天退伍與陳今佩（別驚訝！是她）連袂出國演唱。

這是二十五歲時的余天。

不僅如此，連電影導演張英也相中他的相貌，邀請他參加拍片。這對自小就愛看電影的余天來說，可說正對胃口，兩年內拍了五部電影，無奈片酬太低，再加上他和電視及唱片公司均有合約，兩頭忙實在力不從心，最後決定與電影公司解除合約，安心歌唱。

余天自「群星會」嶄露頭角，慎芝就建議他將土土的本名改為「余天」，既好記，

又響亮。不僅如此，慎芝並讓他在家中住了一段時間，矯正他過濃的東洋味。這份恩情余天一直銘感肺腑，日後無論在任何場所，他均以「音樂的媽媽」感謝慎芝的照顧。慎芝還安排他與秦蜜搭檔；郎才女貌的組合，再加上兩人演唱時含情默默，似有若無的愛戀，讓電視機前的觀眾看得如醉如痴。這對歌唱情侶合作兩年，直到接到兵役召集令，才拆伙各奔前程。

余天出道時間雖然不長，名氣卻扶搖直

上，尤其是「黯淡的月」這張專集上市後，更是紅得發紫，不僅電視公司歌唱節目爭相邀約，連歌廳、夜總會也排檔爭聘。本想好好大賺一筆，召集令卻適時來到。余天服的是憲兵役，由於會唱歌，被分到憲兵康樂隊，負責到各地營區勞軍。余天的音色不差，但音域不廣，這是訓練不足的關係，他也知道這個缺點，苦於無暇練習，想不到這個缺失卻在軍中得到行家的指點，讓他的歌藝更加進步。

演藝生涯紅不讓

余天是幸運的，他在脫下軍服的當晚，就到麗聲歌廳演唱，並在舞台上說出：「我回來了」，觀眾報以熱烈的掌聲，讓余天感動得淚眼模糊，結果連唱一個月，造成場場客滿的盛況。台視得知他退伍，馬上要他上電視，並安排他和走紅的楊麗花合作演出「請問芳名」電視劇，轟動是預料中的事。或許余天天生就有演戲細胞，稍後他與石松合作演出的「東南西北」喜劇片，突顯了他的搞笑本領，以後有胡鬧片，余天都會軋一角；甚至在歌廳表演，更讓他大顯身手。

余天出道時，隸屬合眾唱片，灌了幾張暢銷唱片，但是報酬始終不高。退伍後，余天加入麗歌唱片，聲譽日隆，他廣為人知的歌曲，像「含淚的微笑」、「又是黃昏」、「一個陌生的女孩」、「讓回憶隨風飄」、「我需要安慰」、「海邊」、「山南山北走一回」、「榕樹下」等都是在麗歌灌錄。

參加「群星會」演出的余天，容貌英挺頗受女性觀眾歡迎。

余天走紅後，逐漸擺脫以往的東洋味，聲音較多感情，他的「榕樹下」是歌迷最熟悉的歌曲之一。

　　或許是年輕，血氣方剛，余天在走紅時，鬧了不少事，名字經常在報紙的社會版出現，一度還因演出不雅歌劇，被吊銷演唱執照，禁唱一年，讓挑起全家生活重擔的他好不心焦。所幸，余天知錯能改，觀眾也沒有排斥他，才讓他逢兇化吉。一九七八年九月十日，余天與交往多年的李亞萍結為連理，漂泊三十年的余天終於靠岸了。結婚當天，余天當著記者的面，透露了肺腑之言：「人家都說我不安分，花花大少，可是亞萍卻能把我吃得死死的，這是命中註定，我是非討她當老婆不可。」三言兩語就把大家的「疑問」給逼了回去。

　　李亞萍也有話說，她表示認識余天多年，她看到的不僅是余天人前的玩世不恭，還看到了他的另一面，那就是誠懇、善良、孝順，在演藝圈這是不容易找到的。

　　這些年夫妻不時吵吵鬧鬧、分分合合，給娛樂圈增添不少話題，但夫妻之情還是有的，特別是子女一天天長大，這份感情就更加濃郁。

　　目前，余天的一雙子女也朝演藝圈發展，余天原本反對，但是拗不過子女的要求，只好身兼歌手及星爸雙重職務。

　　從事演唱工作近四十年，灌過百張個人專集的余天，寶刀未老，他將於二○○三年底，舉辦三場定名為「余音繞梁，天帝

有情」的演唱會；另外，三年前，余天即
著手籌備個人精選曲的錄製；從唱過的上
千首歌曲中，挑選一百二十五首成名曲或
有特殊意義的歌曲，重新編曲、錄音，還
遠赴日本以五軌錄音錄製，相當慎重，準
備在年底發行，為自己的演唱生涯做個永
久的紀念。

成熟的余天有另外一種魅力。

余天的著名唱曲絕大多數是在麗歌灌錄。

包 娜 娜

一曲動清宮

金嗓金曲不了情

1950年生

本名：包娜娜

代表歌曲：清宮殘夢、愛你愛在
心坎裡、熱淚燙傷我的臉、長髮
為君留

寂寞庭院，

形孤影單，

感君情深深似海，

妾意綿綿。

花兒已殘，

夢兒已斷，

訴不盡的相思苦，

道不完的深宮怨。

君似露珠，

滴滴點點，

無奈朝陽光燦爛，天上人間。

民國五十九年，台視播出一齣家喻戶曉
的清宮連續劇《清宮殘夢》，轟動了全台
灣，連政府官員也準時收看，受歡迎的程
度可見一斑。《清宮殘夢》主題曲由李鵬
遠譜曲，莊奴填詞，包娜娜演唱。包娜娜
出道時，都是演唱別人的歌曲，要不然就
是翻唱西洋歌曲，很難給觀眾留下深刻的

印象。直到主唱《清宮殘夢》，包娜娜三個
字才在歌壇受到大家的注意。

為了唱歌犧牲學業

包娜娜能夠走紅歌壇，與她的家庭有很
大的關係。包娜娜的父親早年在廣播電台
服務，當時包娜娜正在虎尾女中讀書。一
部《梁山伯與祝英台》的電影，把台灣變
成狂人城。電台受了聽眾的要求，每天不
停地播放《梁祝》插曲，包娜娜從頭聽到
尾，沒有一首不會唱。每天和姊姊包妮妮
一唱一和，幾乎鬧翻了天。

民國五十七年，包娜娜來台北就讀實踐
家專。清秀的外表，再加上歌唱得出色，
很快就變成學校的風雲人物，而且經常代
表學校對外參加比賽。有一次包娜娜參加
台視周末劇場表演，想不到高歌一曲，居
然贏得五燈獎的榮譽。本來包家都看準包
娜娜的姊姊包妮妮會走上歌唱事業，原因
姊姊從小就能歌善舞，很有表演天分，而
且一心朝演藝圈發展，想不到最後竟是包
娜娜脫穎而出。

包娜娜自幼即愛唱歌，高中畢業時她已
能唱五、六百首歌，支支熟巧，一點也不
含糊。不僅如此，她還會唱台灣歌、西洋
歌、民謠，什錦歌一學就會。

包娜娜能夠站在舞台演出，也是因為姊
姊而起。當她在實踐就讀時，姊姊已經在
台北的歌廳主唱了，包娜娜只是好玩跟著
姊姊跑，偶爾跟著姊姊配唱。誰知身體一

向不好的包妮妮竟得了胃病，需要長期修養，而她又與歌廳簽了合同，酬勞也領了。在這種情況下，只好由妹妹代勞。

為了歌唱，包娜娜停掉實踐的課程，當時的校長夫人，也就是前文建會主委林澄枝認為，為了唱歌犧牲學業十分不值，一直勸她不要打消求學的念頭，她可以半工半讀，可惜沒有打動包娜娜。事隔多年，包娜娜想起此事，十分遺憾，認為當初應該聽校長夫人的話，把書讀完。

崛起於群星會

包娜娜出道最早是在國之賓演唱，當時是由作曲家駱明道推薦。駱認為以包娜娜的條件，應該很快就會在歌壇竄紅。當時台視群星會開播不久，需要大批新秀在節目中亮相。節目製作人慎芝還專程到國之賓聽包娜娜唱歌，第一眼就相中她。沒有多久，包娜娜就經常出現在群星會，聲譽扶搖直上。

包娜娜當初是為了替姊姊代班唱歌，未料最後變成自己上台獻藝。

包娜娜走紅時，經常出國演唱，歌聲風靡東南亞。

一個走紅的藝人最煩惱的事，就是沒有一首自己的歌，老是唱別人的歌。這是因為台灣早期作曲人非常少，除了周藍萍外，幾乎沒有大量生產的作曲人。周藍萍又於民國五十二年被香港邵氏公司延攬，使國內的流行音樂幾乎停頓下來。

直到左宏元起來，為姚蘇蓉作了多首膾炙人口的歌曲，國內的流行歌曲才漸漸打出一條路。包娜娜算是幸運的，她如果早生幾年，可能跟老一輩的歌手一樣，沒有自己唱紅的歌曲，只好演唱老歌。

包娜娜自《清宮殘夢》後，又灌錄了許多叫好又叫座的歌，如「長髮為君留」、「愛你愛在心坎裡」、「熱淚燙傷我的臉」、「當做沒有愛過我」等。另外，台視多部連續劇的主題曲也邀請她主唱，除了《清宮殘夢》、還有《向日葵》。《晴》、她本人對《向日葵》相當偏愛。可惜這首歌當時因為政治因素，無法公開播出。直到戒嚴後才重見天日。

藝人走紅時，經常有電影公司邀請拍片，包娜娜也無法避免。她在當紅時，有多家製片公司想請她拍片，她抱著好玩的心理，拍了《五對佳偶》、《退票新娘》、《吾愛吾妻》，後來對拍片實在沒興趣，就全心把精神放在歌唱上面，任何人來說項，她都不拍。

民國六十七年，包娜娜在歌唱事業滿十年後，覓得如意郎君，但須遠嫁到新加坡。為了全心照顧家庭，她決定婚後退出歌壇，做一個全職的妻子及母親。

臨行前，包娜娜特別帶著母親最後一次上「群星會」節目。首先她說了一段感謝母親多年的照顧及教導，讓她長大成人。她要送母親一首歌，歌名叫「推動搖籃的手」。

包娜娜一開口，眼淚就像斷了線的珍珠滾滾而下，同樣地，坐在台下觀賞女兒演出的包媽媽早已泣不成聲。這一幕感人的畫面透過電視傳到每一個家庭，不知打動多少觀眾的心。

包娜娜在歌唱事業滿十年後，遠嫁新加坡，這些年很少有她的消息。

金嗓金曲 不了情

近幾年，很少聽到包娜娜的消息，在前幾年她還一度代表新加坡某珠寶公司來台展售珠寶。看起來她跟歌唱是完全絕緣了。

包娜娜加入麗歌唱片才開始走紅，她的「清宮殘夢」、「向日葵」、「我在默默祝福你」、「愛你愛在心坎裡」、「熱淚燙傷我的臉」都是當時的熱門歌曲。其中「愛你愛在心坎裡」、「向日葵」當時都是禁歌。

包娜娜自退出歌壇後，很少在公開場合出現，歌迷也不清楚她的近況。這是她早年灌錄的「月下的情侶」及「傷心的回憶」。

往事只能回味

尤雅

「四個願望」,第二首是「只要為你活一天」。想不到歌迷獨具慧眼,把「往事只能回味」推向暢銷金曲,其受歡迎的程度比起謝雷的「苦酒滿杯」、姚蘇蓉的「負心的人」,可說是有過之而無不及,尤雅也迅速在歌壇走紅。

尤 ● 雅

1952年生

本名:林麗鴻

代表歌曲:往事只能回味、為什麼春天要遲到、彩雲飛、難忘的愛人

時光一逝永不回,
往事只能回味,
憶童年時竹馬青梅,
兩小無猜,日夜相隨。
春風又吹紅了花蕊,
你已經也添了新歲,
你就要變心像時光難倒回,
我只有在夢裡相依偎。

提起歌手尤雅,喜歡聽國語歌曲的老歌迷,一定會想起她的成名曲「往事只能回味」。這首歌是民國五十九年,由劉家昌譜曲、林煌坤填詞,海山唱片發行,任誰也沒有想到,在短短的幾天裡,立刻轟動全台,大街小巷到處可聽到這首歌曲,凡是與這首歌曲沾上邊的,莫不大發利市。

當初海山唱片並不特別看好這首曲子,因此把它放在唱片中的第三首,主打歌是

尤雅在高中就讀時,加入「雷星合唱團」,並在歌廳演唱西洋歌曲。

尤雅本名林麗鴻，一九五二年生，台北市人，萬華女中畢業，尤雅出道甚早，在沒有灌錄「往事只能回味」前，她已經演唱閩南語及西洋歌曲多年。十一歲那年，士林的華聲電台和雷虎唱片聯合舉辦兒童歌唱比賽，林媽媽拗不過女兒的懇求，瞞著先生偷偷幫女兒報了名，結果榜上無名。

原以為與歌唱無緣，誰知道卻出現奇蹟。原來歌唱比賽當天，雷虎唱片股東之一的吳文龍正好在現場，他對尤雅甜美的

「往事只能回味」至今仍令人回味無窮。

嗓音，留下極為深刻的印象，比賽結束後，便邀請她為雷虎灌唱片。

尤雅的第一張唱片是閩南語的「為愛走天涯」，推出後受到歌迷的熱烈迴響。接著「無良心的人」、「難忘的愛人」，更是大受歡迎。尤雅的父親一向不贊成她唱歌，直到第三張唱片問世後，父親才知道女兒瞞著他，放學後，偷偷跑到唱片公司練歌、灌唱片，成績還不錯。事已至此，父親也無話可說，只提醒她要好自為之。初期雙親都認為，女兒可能要在台語歌壇打天下，想不到「往事只能回味」改變了她的命運。

尤雅在讀高一時，加入「雷星合唱團」，並在統一飯店唱西洋歌曲兼主持人。當時劉家昌在中視主持「每日一星」，由於節目吃稿量大，必須不斷挖掘新人。劉家昌曾聽過尤雅的歌，對她的聲音十分喜歡，除了請她上節目外，並積極遊說她灌國語唱片。在短短的一個月內，劉家昌為尤雅寫了五首歌曲，並且找人為她拍照，找錄音室灌唱片。

「往事只能回味」推出後，立刻轟動，尤雅也跟著水漲船高。當時高雄藍寶石歌廳特別邀請尤雅前去作秀，一天三場，連作十四天，結果天天爆滿。老闆非常禮遇尤雅，言明一天表演的酬勞是四千五百元，而她在統一駐唱兼主持人，一個月也不過八百元。只不過短短幾個月，尤雅的身價就不斷往上升，樂壞了小妮子。

尤雅剛出道的模樣，與今天不可同日而語，當時這種打扮就十分時髦。

尤雅出道甚早，少女時期即活躍於舞台。

雨」、「輕煙」等，佳作連連，數度創下國語唱片的銷售紀錄。

接著，左宏元為她作的「為什麼春天要遲到」、「未曾留下地址」、「彩雲飛」，蔡榮吉的「心有千千結」，以及駱明道的「煙水寒」、「愛在飛揚」等，都是紅極一時的熱門歌曲。尤雅最紅時，還曾與面貌與她酷似的李雅芳合演閩南語連續劇《姊妹花》，大受歡迎，成了炙手可熱的紅星。

但是再紅的藝人也有褪色的一天。民國六十七年，尤雅到美國住了一段時間，也談了一場轟轟烈烈的戀愛。六十八年底，她回台加盟台視，並推出專輯唱片「雁兒歸」，想趁此機會再展雄風，可惜事與願違。

不僅如此，海外華人地區也被這首淺顯易唱的歌曲深深打動，尤雅順利地打開海外市場，所到之處無不轟動。當時很多人都戲稱尤雅是吃遍天下的「一曲歌星」。

轉唱台語歌曲

事實上，尤雅唱紅的名曲不少，她能夠在歌壇走紅多年，主要是唱片公司看到尤雅受歡迎，便不斷請了多位知名作曲人，為她寫出許多叫好又叫座的歌曲，除了「往事只能回味」，劉家昌還為尤雅寫了「我找到自己」、「有我就有你」、「小

雖然沒有再度走紅，尤雅卻在這次回國時，認識了一位髮型設計師，兩人交往不到三個月就閃電結婚，婚後赴美定居。但是這段婚姻只維持了三年，有一個兒子。結束這段婚姻的尤雅決定回國重返歌壇，她需要歌迷的支持及鼓勵，那是她自幼生長的地方，一定可以幫她度過難關。

尤雅長相甜美，她的小酒窩留給歌迷深刻的印象。

台北市籍的尤雅除了演唱國語歌曲，一度還轉入台語歌壇演唱，「吃虧的愛情」就是她的台語歌曲代表作。

　　無奈形勢比人強，在新人輩出下，國語歌壇幾乎沒有尤雅的位置。於是她轉唱台語歌曲，陸續灌了「難忘的機場」、「等無人」、「吃虧的愛情」等，雖然成績還不錯，但已無法與她早年的成績相比。在台語歌壇唱了一段時間後，尤雅也感覺到時不我予，再唱下去也不過如此。民國八十年左右，逐漸淡出歌壇。往日那些掌聲，隨著「往事只能回味」漸行漸遠的歌聲，消失在無情的歲月裡。

多年來，尤雅的外貌沒有多大改變，大家都說她愈來愈年輕，從左右兩圖即可看出。

二〇〇一年初，又看見尤雅頻頻出現在電視。很奇怪，她居然都沒變，而且比以前更漂亮了。想必老歌迷都看到神采飛揚的尤雅，她又拿起麥克風為大家唱歌了，那種感覺真棒，往事不只能回味，還可以越陳越香。不僅如此，今年八月，尤雅還推出她第一百二十一張唱片「夢幻組曲」，並表示不輕言退出歌壇。

1970年，尤雅以一首「往事只能回味」紅遍歌壇，大街小巷到處可聽到這首歌曲，連海外華僑也爭唱這首歌曲，凡是與這首歌沾上邊的，無不大發利市。

息歌多年的尤雅近一兩年來頻頻上電視向觀眾問好。

動 感 歌 后 歐 陽 菲 菲

1948年生

本名：歐陽菲菲

代表歌曲：雨中徘徊、愛的路上
我和你、熱情的沙漠、愛我在今
宵、逝去的愛、嚮往、感恩的心

金嗓金曲不了情

我的熱情好像一把火，
燃燒了整個沙漠，
太陽見了我，也會躲著我，
它也會怕我這把愛情的火。
沙漠有了我，永遠不寂寞，
開滿了青春的花朵，
我在高聲唱，你在輕聲和，
陶醉在沙漠裡的小愛河。

　　這首譯自日本歌，由李潔心填詞的「熱情的沙漠」，是動感歌后歐陽菲菲的招牌曲，同時也是她的成名曲，當年在國內流行時，大人小孩都會哼唱；特別是中間穿插了一聲「啊！」的聲音，格外引人注目，日後被很多歌手拿來模仿。這首歌也因為這個「啊！」，被有關單位認為歌聲淫蕩，不適合在公開場合播出而遭禁，但是，對它的銷售成績沒有絲毫影響，反而愈禁愈紅。

　　二〇〇三年二月二十二、二十三日兩天，歐陽菲菲在國父紀念館舉辦「菲常再現」演唱會；這是她繼一九八〇年在國父紀念館首開演唱會，帶動流行音樂市場，再一次親臨該館。當「熱情的沙漠」的音樂奏起，全場的觀眾跟著歌聲哼唱、扭動，場面熱絡又溫馨，彷彿回到二十三年前的美好時光。

歐陽菲菲的歌聲充滿野性。

歐陽菲菲的身材一級棒。

　　歐陽菲菲的本名就叫歐陽菲菲，江西人，出道甚早。很多人都不知道，歐陽菲菲是以演話劇起家。一九六三年三月，十五歲的歐陽菲菲加入大鵬話劇隊。當時大鵬正在排演「藍天曲」，劇中需要一個活潑女孩的角色，而菲菲的父親又在空軍服務，與話劇隊的人很熟，製作人於是拉菲菲軋一角。「藍天曲」上演後，菲菲就被話劇隊網羅為正式隊員。

　　在大鵬三年多，前後演了七齣話劇，包括「華夏八年」、「風雨故人來」、「飛虎世家」等，足跡走遍台澎金馬各個空軍基地。這段時間她也曾參加電視劇演出；初期演的是兒童戲，年齡稍長開始演少女戲。另外，她還在電影「橋」裡，飾演盧碧雲家中的小丫頭。

　　菲菲對演戲的興趣不高，特別是演電影，認為是一件相當辛苦的工作。因此，一九六六年底，當她與中央酒店簽定基本歌星合約，就正式結束演戲生涯，專心在歌壇發展。任誰也沒有料到，日後她會在歌壇大放異彩。

　　繼中央酒店，菲菲又在豪華酒店、夜巴黎歌廳駐唱。菲菲的英文歌比國語歌曲出色，她最拿手的幾支歌曲，像「齊力向前航」、「來來來跳靈魂舞」，都是翻譯歌曲，再加上她舞步靈活，唱起這些動感歌曲，確實要比其他歌手好看多了。

　　也就是這個時候，一家大阪小公司的老

闖神影三知到台灣旅遊，無意間在麗聲歌廳看到她的演出，從此想盡辦法要把她引進日本，初期歐陽菲菲始終未點頭，對方鍥而不捨，最後終於打動歐陽菲菲。

一九六九年三月，菲菲應邀到日本白鳳酒店演唱半年，當時國內很少歌手赴日演唱，菲菲抓住這個良機，努力學習，一年後，二度赴日演唱，受到日本娛樂界的重視，很快就在日本闖出名號。她是繼翁倩玉之後，另一位受日本觀眾喜愛的台灣歌手。

這是早年歐陽菲菲在台灣灌錄的唱片，她的成名曲，不少是在這段時間完成的。直到今天還有人翻唱她的歌曲。

歐陽菲菲屹立歌壇三十餘年，始終未被歲月淘汰。

歐陽菲菲在日本發展多年，終於有了成就。

　　一九七一年七月，歐陽菲菲應日本渡邊公司、東芝唱片、關西電視公司聯合邀請，在一項待遇優渥，課程嚴密的計劃下，一邊演唱，一邊學習，時間長達兩年之久。歐陽菲菲是渡邊公司第一位進行「人才投資」的外國人。

　　歐陽菲菲相當爭氣，她在日的第一首歌曲「十秒到天空」，由美國著名樂隊「投機者」演奏，精準地抓住她的特色，一上市即進入日本唱片排行榜第五名。接著「雨的御堂筋」（雨中徘徊）、「雨天的飛機場」、「戀愛的追蹤」，成績愈來愈好，在日本成了最叫座的熱門歌手。一九七三年，菲菲不負眾望，獲得日本藝人的最高榮譽——「紅白對抗」電視節目的「新人獎」。

歐陽菲菲雖然在日本走紅，但經常回國灌錄唱片。

歐陽菲菲從小歌星爬到今天的地位，全靠自己的努力。

歐陽菲菲獨特的風格，連日本人也折服。

　　但是在日本，這樣並不代表一位歌手紅了，因為日本地方太大，一個歌手即使在大都市很出鋒頭，並不代表擁有全國知名度，必須不斷力爭上游。

　　這是一段相當痛苦的磨練，歐陽菲菲回憶當時的情景說，再怎麼苦，她絕不在人前掉眼淚，「哭是沒有用的！我只有不斷武裝自己，不斷花時間學習。」

　　等在日本歌壇打下基礎，歐陽菲菲透過台灣的海山唱片，將她在日唱紅的歌曲譯成中文演唱，包括：「雨中徘徊」、「愛的路上我和你」、「熱情的沙漠」、「愛我在今宵」，到日後的「逝去的愛」等，陸續介紹給台灣的歌迷。

作曲家劉家昌為歐陽菲菲量身打造的歌「嚮往」（歐陽菲菲在台發行第五張專輯），也成了菲菲的招牌曲之一。日後，歐陽菲菲曾多次重新詮釋此曲，每次的編曲均呈現不同的風貌，給人不同的感受。

一九七五年四月，歐陽菲菲從日本帶了十八人的樂隊，包括工作人員共三十人，聲勢浩大的飛往香港，站在「利舞台」舉行三場演出，受到歌迷的熱烈歡迎。四年後，她再度前往「利舞台」演出，盛況不減當年。

歐陽菲菲走紅時，連漫畫家都為她繪製漫畫，巧妙地抓住她的神情。

歐陽菲菲與夫婿式場壯吉結婚二十餘載，始終恩愛如一，如影隨形。

從歐陽菲菲的唱片封套就可體會到她的「動感」。

「嚮往」是作曲家劉家昌為歐陽菲菲量身打造的歌曲。

你看過歐陽菲菲的短髮造型嗎?

　　別的歌手唱個幾年,可能就準備息歌了,歐陽菲菲不同,她好像有永遠有用不完的精力,永遠都活躍在舞台上。

　　一九九六年十一月二十四日,歐陽菲菲在澀谷公會堂舉辦她旅日二十五年演唱會,這是一場貫穿七〇年代到九〇年代的巨星盛宴,全場座無虛席;這是歐陽菲菲個人的光彩,也是台灣流行文化輸出的異數。

　　日本的《讀賣新聞》、《朝日新聞》曾訪問歐陽菲菲,他們認為,不但同年的歌手沒有歐陽菲菲的風格,即使到今天日本歌壇也找不到,這也是為什麼歐陽菲菲能在日本發展到今天的原因吧!

第一位台灣偶像歌手

劉文正

1953年生

本名：劉文正

代表歌曲：諾言、小雨打在我身上、睡蓮、熱線你和我、三月裡的小雨

我曾為她許下諾言，
不知怎麼能實現，
想起她小小的心靈，
希望只有那麼一點點。
雖然是我對她許下的諾言，
也是我深藏在內心的心願，
諾言、心願，
誰知道要等到哪一天。

　　提起歌壇的劉文正，年齡在三十歲以上的歌迷，幾乎無人不知，無人不曉，直到今天，依然可以在電視綜藝節目裡，看見藝人模仿他獨特的唱腔及穿著。劉文正的招牌歌之一「熱線你和我」，還被當紅歌手張惠妹翻唱；甚至巫啟賢還特別選了劉文正唱紅的十餘首歌，錄製了《啟賢留文正》專集，向他心目中的偶像致意。

　　這首「諾言」是劉文正剛出道時灌錄的第一張唱片，錄製的時間是民國六十四年五月。「諾言」由劉家昌作曲，孫儀填詞，劉文正就以此曲在歌壇站穩腳步。當時街頭巷尾到處可聞這位還有著稚嫩嗓音的大男孩唱的歌曲。

超級偶像歌手

　　劉文正，一九五二年出生，河北人，徐匯高中畢業。劉文正會走上歌星之途，並且歌而優則影，最後成為國內首屈一指的男性歌手偶像人物，縱橫娛樂事業十餘載，這一連串的際遇，他本人做夢都沒有想到。

1975年，劉文正退伍不久，拍下這張照片。

劉文正的家境富裕，父親開工廠兼營貿易生意，一個哥哥、兩個姊姊都在美國工作，且有優渥的薪水。劉文正是老么，佔了「老么最得父母偏愛」的便宜，父母從小就對他特別放任，不太干涉他的想法和行動。劉文正也表示，父母見他成天撥弄著吉他，哼哼唱唱，也不發表任何意見。二老從來沒有料到，有一天老么會以歌唱、表演作為職業。

劉文正從小就喜歡唱歌，一有空就引吭高歌一番，怪腔怪調，荒腔走板，他都不在意，只求自我陶醉，過足歌癮就滿足了。他正式練歌是上了高中以後。徐匯是一所天主教學校，校內的合唱團有很高的水準，每年暑假合唱團會到各地教會巡迴演唱，除了宗教歌曲，也唱民謠。劉文正在高二那年被選入合唱團。年輕人總覺得只唱這些歌不過癮，他們也希望唱一些學生最喜歡、最瘋狂的熱門音樂。於是，幾個志同道合的同學組了一個名叫「正午」的合唱團。除了在學校的晚會中演唱外，還經常到校外客串表演。

「正午」成立不到一年就解散了。主要是團員都要考大學，沒有多餘的時間聚在一起練唱。就在那年暑假，劉文正參加台視歌唱比賽（夏台鳳、湯蘭花都是從此脫穎而出），得了第五名，依公司規定要受訓一個月。因為學校不准假，只好放棄這個機會。高中畢業，沒考上大學，那一陣子他開始在電視露臉，但是家人有意見，他們不希望兒子走上歌唱這條路，希望他多讀點書，將來到美國留學。二老勸他先去服兵役，再回來讀書。

劉文正走紅時，橫跨影、歌、電視，拍過的電影，有《門裡門外》、《閃亮的日子》、《雲且留住》、《卻上心頭》等二十餘部（左為恬妞）。

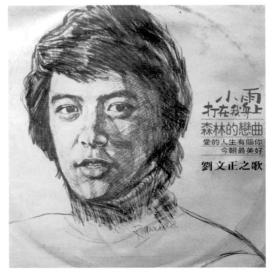

「小雨打在我身上」錄製的時間在1977年，是劉文正的招牌歌，深深留在歌迷心中。

劉文正是七○年代著名的超級偶像歌手,唱紅許多歌,
直到今天還經常被人模仿。

劉文正是國內首屈一指的的男性歌手偶像人物,只能回味,不能重現,
這是他演唱時三種不同表情。

劉文正分別在歌林、東尼、寶麗金等唱片公司,灌錄許多
叫好又叫座的歌曲。

　　劉文正覺得父母的話不無道理,就遵從
大人的意見先去服兵役。天下事變化莫
測,讓人難以預料,原以為服完兵役就可
安心讀書,告慰雙親,誰知道在軍中藝工
隊碰到也在服役的劉家昌,註定了他日後
以演藝為職業的命運。

家人不支持,只好逐漸淡出歌壇

　　劉家昌以前就認識劉文正,對他十分照
顧,曾介紹他到海山唱片,由於協調不
夠,最後不了了之。在軍中,劉家昌用心
指點劉文正的唱腔,並勸他改唱國語歌
曲,因為國人最喜歡聽的還是用自己國家
語言唱的歌。劉文正聽從老師的建議,改
唱國語歌曲,進步神速。

1976 年，劉文正以小生姿態開始演出電影，作品多達二十餘部。這是1982年，劉文正與雲中岳（左起）、林青霞、呂秀菱雙生雙旦合演的《燃燒吧，火鳥》。

　　劉文正唱歌的興趣愈來愈濃，但是家人反對他以歌唱為職業的叮嚀，不時在他心頭縈繞，那段時間他過得相當辛苦，每天都和自己交戰，理智告訴他，該放棄唱歌，聽從父母的話，但是興趣告訴他，唱歌有什麼不好，況且這又是他喜愛的。

　　最後，感情戰勝理智，劉文正決定照自己的興趣行事。也由於劉文正的堅持，歌壇日後誕生一位閃閃發亮的超級偶像歌手。

　　劉文正唱紅的歌曲，不勝枚舉，從「諾言」開始，接下來有「小雨打在我身上」、「奈何」、「尋」「睡蓮」、「為青春歡唱」、「卻上心頭」、「熱線你和我」、「像太陽一樣」等。

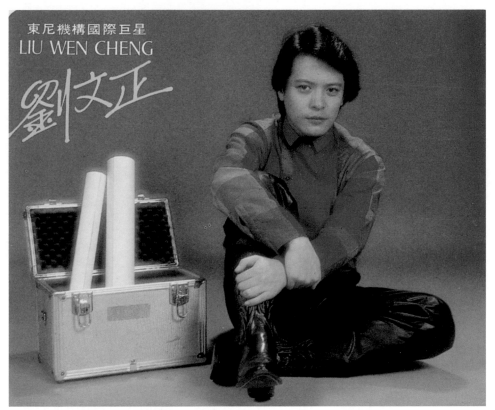

1981年，劉文正曾被選為東南亞最受歡迎歌星總冠軍，這是他加入東尼唱片所拍攝的宣傳照。

民國六十五年，劉文正以小生姿態踏入影壇，處女作是《門裡門外》，之後陸續演出《跳躍的愛情》、《愛情文憑牛仔褲》、《青色山脈》、《閃亮的日子》、《雲且留住》、《卻上心頭》等二十餘部影片。

在劉文正的演唱生涯中，共獲得三次「金鐘獎最佳男歌手獎」，證明了劉文正在歌唱的表現。說來令人難以置信，即使在歌壇表現如此傑出，他的家人仍不贊成他登台演唱，更不肯看他表演。民國七十二年，劉文正決定退出歌壇，不再公開演唱，他成立「飛鷹唱片公司」，成功的培植伊能靜、方文琳、裘海正，而音樂才子巫啟賢也是他手下愛徒。

民國七十五年，劉文正逐漸淡出歌壇，近幾年偶有傳來他的訊息，卻不見他的蹤影。劉文正是徹徹底底退出歌壇，那段閃亮的日子只有埋在老歌迷的心中，隨著歲月逐漸老去。

很少看到劉文正這種粗獷的打扮。

劉文正共獲得三次金鐘獎最佳男歌手獎。證明劉文正絕不是浪得虛名的歌手。

劉文正在退出歌壇前，曾自組飛鷹唱片公司，培植方文琳（左一），裴海正（右二）、伊能靜（右一）等新人。

帽子歌后

鳳飛飛

1953年生

本名：林秋鸞

**代表歌曲：我是一片雲、楓葉
情、掌聲響起**

金嗓金曲不了情

我是一片雲，天空是我家，
朝迎旭日昇，暮送夕陽下。
我是一片雲，自在又瀟灑，
身隨魂夢飛，來去無牽掛。

　　年齡三十五歲以上的歌迷，大概沒有人
不記得鳳飛飛唱紅的名曲之一「我是一片
雲」。是的，「鳳飛飛」這個名字在台灣的
流行音樂史上，是一個永久的記憶；她情
純質樸的歌聲、九轉十八拐的轉音、不掩
嘴的「呵呵」笑聲，跳起舞來像做體操，
還有那數不盡的帽子，幾乎成為當代人們
的「集體記憶」。

　　翻開台灣流行音樂史，很難找到像鳳飛
飛這麼受到歌迷鍾愛的歌手，從一九七一
年灌錄第一首歌曲「初見一日」（郭建志
曲，海浪詞）起，到一九九五年錄製「想
要彈同調2.思念的歌」為止，每一張唱片都
受到歌迷的喜愛，特別是一九七七年這張
與電影同名的「我是一片雲」，更高達三十

萬張的銷售量，在當年是天文數字。

　　曾有人這樣讚美鳳飛飛：中國人如果沒
有李白會覺得寂寞，台灣如果少了鳳飛飛
的歌聲也會寂寞，乍聽似乎誇張了點，但
仔細想想卻不無道理。二、三十年前，鳳
飛飛的歌聲陪伴許多人走過悲歡離合的歲
月，也撫慰許多海外華僑思念祖國的心，
直到今天，這股「暖流」還深藏在大家心
中。

從「林茜」到「鳳飛飛」的艱苦過程

　　鳳飛飛，本名林秋鸞，桃園大溪人，一
九五三年八月二十日出生。父親沉默寡
言，母親能言善道，把一個「溫暖的家庭」
弄得「花腔怪調」：加上兩個外向的兄
長、頑皮的弟弟和「不怎麼安份」的鳳飛
飛，平添許多「雞飛人跳」的熱鬧。

鳳飛飛的演唱會都會吸引大批的鳳迷前來捧場。

由於鳳爸是靠採砂石為生，所以家裡的經濟狀況，從來沒有富裕的跡象，但似乎又沒有誰為這件事操過心，反正每個人都覺得「一切如意」。鳳飛飛自小就喜歡唱歌，經常在課本裡夾著一本袖珍的歌本，表面在看書，實際是在唱歌。初一那年，班上同學告訴她，學校後面的公園有明星在拍戲，她一聽立刻拔腿就往公園的方向跑，忘了還要參加降旗典禮。雖然得到明星的簽名照，卻被老師抓去罰掃廁所。相信嗎？大溪初中的每間廁所鳳飛飛都掃過。

十五歲那年，讀初三的鳳飛飛徵得媽媽的同意，專程北上一心一意要參加中華電視台舉辦的歌唱比賽，未料那是招考訓練班的手段，經過三個月的集訓，終於取得正式的比賽資格，卻在決賽時被刷了下來，回去後被媽媽揍了一頓，罵她沒出息。她一咬牙，再跑向中華電視台續訓。第二屆比賽得了冠軍。

為了參加歌唱比賽，鳳飛飛放棄學業，這個抉擇是對是錯，直到今天鳳飛飛依然不知道這個代價是否付出過高？但台灣因此多了一位巨星。

藉著媽媽一位在歌廳工作朋友的介紹，鳳飛飛以「林茜」的藝名到新開幕的雲海酒店演唱。說「演唱」是好聽，事實上是個「補白」的角色，也就是哪個大牌趕場來遲了，先讓一些小角色去充個場面，那時候姚蘇蓉、趙曉君、張琪、楊小萍是紅牌，歌壇簡直就是她們的天下。

名不見經傳的鳳飛飛從雲海唱到真善美、蓬萊閣、小麒麟，又從小麒麟唱到新加坡舞廳，一晃四年過去。那段時間是她最不得意的時候，幾乎跑遍所有的歌廳及舞廳，每晚一個人默默坐在後台不起眼的角落，等待後台領班喚她上台，無人跟她搭訕，最慘時連婚宴喜慶晚會也跑。日子過得很苦，為了省錢，一餐最多吃二元五角，上班從沒有坐過車子，都是走路。她不斷自問：什麼時候才會出頭？

就在此時，鳳媽的同鄉張宗榮來採訪她，廣播劇團出身的張宗榮準備到華視製作「燕雙飛」連續劇，劇中需要一位能演又會唱的女孩，張宗榮決定找鳳飛飛試試，他嫌「林茜」這個名字難聽，剛好邵氏公司推出一部由何莉莉主演的武俠片

鳳飛飛每次在社教館錄影，觀眾都把現場擠得水洩不通。

「鳳飛飛」，張宗榮覺得不錯，就把「林茜」改成「鳳飛飛」，想不到這個名字日後在歌壇大放異彩。究竟是名字為她帶來好運？還是努力不懈有了代價？鳳飛飛自己也不知道，但是鳳迷知道，那完全是她自己努力的結果，與改名字沒有多大關係。

製作人對鳳飛飛非常嚴格，經常當著眾人的面罵她，讓她當場落淚。在華視兩年，雖然演了幾檔戲，成績並不突出，只好又回來唱歌，第一張唱片「祝你幸福」，成績意外的突出，第二張「五月花」銷路更好，海山唱片迅速與她簽下四年合約。此時作曲家左宏元為鳳飛飛寫了幾首歌相當暢銷的歌曲，像「碧城故事」、「半山飄雨半山晴」、「巧合」、「呼喚」，劉家昌也很欣賞鳳飛飛的唱腔，為她寫的「敲敲門」、「雪花片片」、「有真情有活力」、「溫暖的秋天」，還有駱明道的「楓葉情」都很叫座。經過多年的煎熬，鳳飛飛終於從一個小歌星攀升到紅歌星的地位。

親切的帽子歌后

但是，真正讓鳳飛飛大放異彩的是她加入歌林唱片公司，當時正是瓊瑤電影當道，由左宏元作曲、瓊瑤填詞、鳳飛飛主唱的電影插曲，席捲了整個唱片市場；從「我是一片雲」開始，接下來的「奔向彩虹」、「月朦朧鳥朦朧」、「一顆紅豆」、「雁兒在林梢」、「金盞花」，還有日後的「好好愛我」、「你來了」、「出外的人」、「涼呀涼」、「掌聲響起」、「午夜的街頭」等把鳳飛飛捧成巨星。鳳飛飛個人風格獨

具，尤其是具有鄰家女孩的特質，親和力十足；長長的腿穿褲裝多麼帥氣，再加上帽子變化萬端，還得了「帽子歌后」的暱稱。由她主持的「你愛周末」、「一道彩虹」、「飛上彩虹」更是膾炙人口，為她贏得更多死忠的鳳迷。

不僅如此，一九六九年起，鳳飛飛還拍了多部以她為主角的電影，依次是《春寒》、《秋蓮》、《鳳凰淚》、《就是溜溜的她》、《風兒踢踏踩》、《四傻害羞》。在歌壇奮鬥多年，鳳飛飛終於憑藉努力和毅力，成為台灣的「天字第一號」，樹立一塊無人能砸的招牌。但是巨星在鳳爸鳳媽的眼中，仍是聽話、孝順、平凡的女兒，和其他人家的女兒沒有兩樣。

鳳飛飛當紅之際與林青霞在電視綜藝節目合演「紅樓夢」；鳳飛飛反串賈寶玉（右）林青霞飾演林黛玉，這是難得一見的組合。（王宏光／攝影）

鳳飛飛唱紅的歌曲,絕大多數都是由海山及歌林兩大唱片發行,受到歌迷的熱烈支持。(海山、歌林唱片／提供)

一九八一年元月二十七日,鳳飛飛于歸香港豪門趙家,就在這年七月,她赴美領取中華文化基金會頒贈的「玉音獎、華盛頓市民獎、馬里蘭州榮譽市民」,華盛頓並定該年七月二十一日為「鳳飛飛日」。美裔華人陳春梅認為,鳳飛飛能獲得美國友邦人士的真誠款待,是代表所有中華民國藝人不平凡的表現。

鳳飛飛的歌藝為她創造了傳奇的一生。是她的歌聲掌握了歌迷所希望的親切感,她在舉手投足間巧妙地吸引住觀眾,所以她在歌壇上屹立前後二十餘年,地位始終不搖。透過鳳飛飛歌聲的傳唱,一種與世無爭的淡泊情懷,緩慢而持續地擴散著,她的歌聲一直令人有著湖面泛舟的陶然。

鳳飛飛(右)與黃鶯鶯是多年好友,兩人唱紅的經典名曲不知道有多少。(郭肇舫／攝影)

鳳飛飛遠嫁他鄉後逐漸淡出歌壇，但鳳迷對她始終不能忘懷，「飛精選」、「鳳飛飛經典輯」、「新鳳回首」等典藏ＣＤ接二連三推出。民國八十六年春，台視再為鳳飛飛開闢「飛上彩虹」巨型綜藝節目，由鳳飛飛和費玉清兩大唱將聯袂主持，然而，一來國內電視環境已大不相同，二來年輕一代的主力歌迷究竟對鳳飛飛不那麼熟悉，再加上鳳飛飛兩頭奔忙太過勞累，這個節目最後還是喊停，讓鳳迷為之扼腕。

好在鳳飛飛三不五時還會應邀訪台，參加金曲獎、金馬獎，及電視台春節特別節目的錄影，讓鳳迷們還有機會親炙她迷人的風範、至今嘹亮婉轉的歌聲。

鳳飛飛即使不戴帽子拍照，依然出色。

李宗盛曾說，鳳飛飛的歌唱生涯是台灣音樂史的一部分，橫跨歌壇二十餘年，鳳飛飛的歌迷也跨越了好幾代，歌壇再也找不到第二個這樣的歌手，往後恐怕也很難再有了。

這些年來，不斷有製作單位邀請鳳飛飛復出演唱，她總覺得時機不對而婉拒。二〇〇三年是她入行三十五年的日子，鳳飛終於下定決心重返舞台，滿足歌迷這些年來的殷切期盼。她選定六十首歌曲，將在十月三十一日高雄至維堂，十一月四日台北國際會議中心舉行，如果歌迷買不到票，她還考慮加場演出。

鳳飛飛不掩嘴的呵呵笑聲，跳起舞來像做體操，還有那數不盡的帽子，成為大家的共同記憶，

1981年，鳳飛飛協助華府社區發展有功，獲得美國華盛頓政府頒發「玉音獎」，並榮獲華盛頓榮譽市民獎。(歌林唱片／提供)

歌壇 洋娃娃

甄妮

1953年生

本名：甄淑詩

代表歌曲：誓言、海誓山盟、天真活潑又美麗、海上花

在我眼裡看到你，天真活潑又美麗，
每當你的臉上笑眯眯，
無限的歡欣出現在我內心裡，
我要你，我愛你，
世上不能沒有你，
天長地久，任憑海枯石爛，
一點也不能搖動我的心意。

　　提起甄妮，老歌迷一定記得她唱紅的「天真活潑又美麗」。這是一九七三年，林青霞主演的電影《雲飄飄》的插曲，由劉家昌作曲填詞。這首歌彷彿是作曲人為甄妮量身打造的，無人能夠唱得比她好。記得當年甄妮演唱此曲時，穿著一套緊身牛仔褲，腳踩五吋高的麵包鞋，隨著歌聲起伏變化出不同的手勢。彷彿還是昨天發生的事，一眨眼，這個早年有「洋娃娃」之稱的歌手，竟在歌壇屹立了三十年，唱紅的歌曲不計其數。

　　一九八九年，甄妮為電影「流金歲月」

唱主題曲，在唱片封面上有段形容甄妮的話：「風華絕倫是她的容貌，愛恨分明是她的歌聲，她的勇敢是我們所不及的，她敢做女人想做而不敢做的事。」短短的幾句話就把甄妮的個性、特色，勾勒得一清二楚。特別是那句「敢做女人想做而做不到的事。」此時甄妮剛做了歌壇第一位未婚媽媽。

甄妮長相甜美，歌聲一級棒，是實力派兼偶像級的歌手。

甄妮本名甄淑詩，一九五三年二月二十日出生在澳門，父親是廣東人，祖母為西班牙人，由於這層關係，使她看起來像外國小孩。甄妮童年曾在香港唸小學，父親為了養家，獨自在台灣工作，直到十二歲一家才在台團聚。甄妮從小就喜歡唱歌，而且唱得有板有眼；她特別瘋凌波，只要是凌波演的戲，拚死也要吵著媽媽帶她去看。為了要聽黃梅調，她和兩個姊姊和爸爸立了一份契約：三個月不問爸爸要零用錢，省下來的錢就買一台電唱機。二〇〇〇年甄妮在香港紅館舉辦的演唱會，特別請凌波擔任特別來賓，甄妮唱祝英台，兩人從「十八相送」一直唱到「樓台會」，了卻她心中多年著迷凌波的宿願。

甄妮的個性活潑又帶點刁蠻，她看不慣的事，從不隱藏自己的感情，說的好聽是：「敢恨恨愛，直來直往，不轉彎抹角。」完全依自己的個性行事。也因為個性使然，從世新五專旁聽生、文化學院戲劇科，到踏入歌壇、結婚、離婚、自組公司、培植新人，一直都有不停的事件發生，風風雨雨，讓歌迷看得一頭霧水。

甄妮文化學院戲劇科一年級主修京劇時，被中視「鳳凰樹」的導播葉文忠發現，當時劇中正需要一位剛從國外回來的表妹，於是導播慫恿她演。巧的是這個表妹是個活潑又刁蠻的女孩，而且愛唱歌，與甄妮不謀而合，她輕易就掌握這個角色。中視發現她是可造之材，引薦她參加

「每日一星」歌唱節目，沒有多久她就正式在電視演唱了。

甄妮一出道，分別被銀河、海山、麗歌三家唱片爭著簽約，當時銀河剛成立，新公司新氣象感覺不錯，於是她簽約加入銀河，前後灌了「心湖」、「十七歲的煩惱」、「不能沒有你」三張唱片。但是她並不滿意自己的成績，此時甄妮認識了劉家昌，在合約尚未到期時，毀約跳槽到海山，結果被銀河一狀告到法院。

甄妮初期在銀河唱片，這是她的第二張專輯。

之歌

了"全部插曲

甜

在那豪

甄妮在海山唱片灌錄許多叫好又叫座的唱片，像「誓言」、「天真活潑又美麗」、「海誓山盟」、「愛情長跑」等，都是歌迷百聽不厭的名曲。

甄妮在海山灌了許多叫好叫座的歌，從「誓言」、「天真活潑又美麗」、「海誓山盟」、「晚秋」、「晴時多雲偶陣雨」到「追球追求」、「愛情長跑」、「約會在早晨」等，當時正是國片最興旺的時期，先是甄珍、鄧光榮，接著又是二秦二林，甄妮和鳳飛飛包辦了大部分的電影插曲，甄妮唱紅的歌有大半是在這個時期完成的。

就歌藝而言，甄妮是少數音域廣、聲色美且多才多藝的藝人，可以達到不同製作人的要求，比如說，她可以唱小調、唱京劇、黃梅調也不差，西洋歌曲更是呱呱叫，對流行音樂也有獨到的詮釋，環顧歌壇少有人像她這麼出色。

一九七四年，甄妮為和鳳飛飛為爭唱駱明道作曲的「楓葉情」，一言不合，居然大打出手。這條花邊新聞成了當年歌壇的年度大事之一，誰是誰非，很難下定論。之後，兩人避免在同一場合出現，直到多年後，兩人才在《民生報》廿二周年慶首度同台，相逢一笑泯千仇！多年的不悅早已隨風而逝。

1976年，甄妮嫁給香港的武打明星傅聲，珠聯璧合，不知羨煞了多少人。

甄妮的雙親為甄妮過生日。

甄妮婚後曾加入「張加班」拍攝多部張徹（右二）導演的影片，與狄龍（右一）、傅聲（左一）合作。

因為事業與學業無法兼顧，甄妮在文化最後一年，毅然放棄唾手可得的文憑，她一點也不覺得遺憾！甄妮認為「社會」是個取之不盡的寶藏，只要她用心觀察，認真學習，不會輸給學院派。

一九七六年甄妮嫁給香港的武打明星傅聲，這對珠聯璧合的金童玉女宣布結為夫婦時，不知羨煞了多少人。甄妮隨後轉到香港發展，未因時空隔阻而遭人遺忘，聲勢不減當年。這段時間她唱紅的歌有：

「針葉情」、「風流斷劍小小刀」、「夢中的媽媽」及一九八六年的「海上花」，八八年的「依然是你的雙手」，由羅大佑、李宗盛、梁弘志三位風格迥異，頗負盛名的詞曲作者聯手出擊，意義更是不凡。每一首都給歌迷留下深刻的印象。

不僅如此，甄妮還參加多部港片演出，其中最讓她滿意的是張徹導演的「八國聯軍」，在劇中她飾演奇女子「賽金花」一角，相當對她的戲路。

甄妮在1976年赴港發展非常成功，右為她的好友曾志偉。

事業、婚姻難兩全

　　婚前，甄妮編織了無數個美夢：她要為傅聲退出歌壇、洗淨鉛華，做一個以夫為榮的小婦人、要為傅聲生一打孩子，兩人長相廝守，永不分離。但是像甄妮這樣一位女強人，怎麼可能遽然丟下苦心經營多年的事業？現實生活當然比不上編織的美夢。時間一久，公主王子都覺得無趣，生活不斷出現磨擦。讓人驚訝的是，才不過幾年，甄妮與傅聲居然變得水火不容，當年的海誓山盟，早就隨風而逝；外傳甄妮控制傅聲的行動，傅聲不滿另結新歡，夫妻爭吵的事件像連續劇似的，三天兩頭出現在媒體上。

　　更讓人意想不到的是，就在兩人協議離婚前夕，傅聲卻戲劇化的因車禍意外喪生，讓影迷看得目瞪口呆，真實的人生比電影情節還要來得令人感慨、嘆息！

真是祖師爺賞飯吃，甄妮不僅歌藝出色，人也長得漂亮。

甄妮走紅歌壇三十年，至今仍活躍舞台。

　　與甄妮相識二十餘年的電影導演楊凡說，甄妮是個豪氣、好強、堅毅的女人，她對朋友很率真，愛恨分明、敢做敢擔；在生活裡，雖然做了媽媽，卻無損她姣好的容顏。導演過「玫瑰的故事」、「流金歲月」、「海上花」、「美少年日記」、「驚園驚夢」等多部唯美電影片的楊凡認為，鏡頭下的甄妮，依然擁有出眾的魅力。

　　楊凡曾跟甄妮開玩笑，像她這樣多才多藝，歌聲已達國際職業標準的歌手，最好急流勇退，給歌迷留下深刻的印象。但是，隨後他又表示，一旦甄妮退出歌壇，損失最大的就是廣大的聽眾，因為甄妮是個沒有年齡限制的歌手，她的歌藝隨著時光的淬練，越來越爐火純青，是個真正持久，且跟得上時代潮流的超級巨星，一個不能輕言退休的藝人。

　　事實證明，甄妮也沒有退休的計畫，她將於二〇〇四年元月二、三日在台北國際會議中心舉行兩場演唱會。

永 遠 的 情 人

鄧 麗 君

1953生

本名：鄧麗筠

代表歌曲：晶晶、彩雲飛、小城故事、何日君再來、月亮代表我的心、甜蜜蜜、我只在乎你

小城故事多，充滿喜和樂，
若是你到小城來，收穫特別多。
看似一幅畫，聽似一首歌，
人生境界真善美，
這裡已包括，
談的談，說的說，
小城故事真不錯，
請你的朋友一起來，
小城來作客。

一九九五年四月八日，時年四十三歲的鄧麗君因氣喘病發在泰國猝死，惡耗一傳出，像一顆巨石在華人世界激起了陣陣漣漪，包括港台、中國大陸、東南亞等華人世界，齊聲惋惜追悼，媒體亦大幅報導，各界追贈的榮譽獎章不斷，日本與鄧麗君有合約關係的唱片公司，甚至戴紗一周表示哀悼；美國《紐約時報》、《時代周刊》也登出鄧麗君逝世的消息，並指出她對中國歌迷的影響。

1969年，鄧麗君正式踏入職業歌唱生涯。

曾風靡華人社會二、三十年的鄧麗君，雖然走入歷史，卻是萬千歌迷心中「永遠的情人」，不受歲月的影響。

二○○三年元月二十九日是鄧麗君五十歲冥誕，不少電視台與廣播電台當天都製播鄧麗君特別節目「慶生」。國內歌壇去年下半年吹起一片復古風，許多老歌演唱會不約而同地都演唱鄧麗君膾炙人口歌曲。喜馬拉雅唱片也推出鄧麗君在海山唱片時期的歌曲，向這位已故的傑出藝人致意。

在國語歌壇，鄧麗君無疑是七〇年代的重要人物；她的歌曲在八〇年代風靡中國大陸，將她的地位推向高峰。另一方面，她從七〇年代中期開始到日本歌壇發展，數年後，事業達到顛峰，成為國際性的歌手。綜觀鄧麗君這些年的演唱生涯，不難發現，她唱紅的歌曲相當多，如果要指出哪一首是她的代表作？不是一件容易的事。這首「小城故事」是一九七九年，李行導演的電影「小城故事」的主題曲；由翁清溪譜曲，莊奴填詞。由於詞曲皆美，再加上好學易唱，成了鄧麗君最為歌迷喜愛的歌曲之一。

歌聲溫婉，唱到人心坎裡

鄧麗君從小愛唱歌，十一歲那年，她參加中華電台黃梅調歌唱比賽，就以「訪英台」一曲奪魁。初三時放棄學業，開始在歌廳客串演出。一九六七年，鄧麗君在台視「群星會」露面，名氣直上雲霄。兩年後，她主唱中視的開播劇「晶晶」主題曲，這是台灣第一齣電視連續劇，造成很高的收視率，鄧麗君也成了家喻戶曉的人物。

據「晶晶」的作曲人左宏元表示，他首次發現鄧麗君是在一個歌唱晚會上，當時她才十歲：短短的頭髮，穿一件像跳芭蕾舞的小蓬裙，演唱「一見你就笑」。左宏元一聽她的聲音就覺得這小女孩可以栽培，促成日後兩人合作「晶晶」。

一九七三年，李行開拍了瓊瑤的電影

這是五十八年到六十七年鄧麗君所灌錄的唱片。

《彩雲飛》，裡面有許多歌曲，包括主題曲及插曲「我怎能離開你」、「千言萬語」。左宏元又想到找鄧麗君主唱，瓊瑤卻反對，認為鄧麗君詮釋不出歌曲中的情感，但是左宏元堅持。結果不到二十歲的鄧麗君，把「我怎能離開你」、「千言萬語」唱得不慍不火，直唱到人們的心坎裡。

名聲與掌聲是一步一腳印，用淚水與汗水結晶而成的，經過多年的努力，鄧麗君成為首屈一指的超級巨星。這是八〇年代她在台北秀場演唱的精彩鏡頭。

鄧麗君作秀相當講究，單是秀服就要十幾套。

首次拍片的鄧麗君與楊洋合作《謝謝總經理》，這一年她只有十六歲。

雙十年華的鄧麗君，結束東南亞的巡迴演唱返國，在松山機場留下這個鏡頭。

一九七三年是鄧麗君的轉捩點，她應日本波麗多唱片公司之邀到東京灌錄唱片，以泰麗沙·鄧之名在電視上以新人姿態出現，結果被捧紅陳美齡的渡邊公司看中。隔年三月推出首張唱片「今晚或明天」，成績不如預期。日本人多方挑剔，認為她的日語不夠流暢，更不純正，讓自尊心強烈的鄧麗君發憤圖強，苦練日語。一九七五年，她以一曲「空港」唱不到一個月就擠進前十五名排行榜，並以這首歌贏得新人獎。這也是繼歐陽菲菲之後，我國歌星第二位獲得這項殊榮的藝人。新人賞在日本具有權威性的關鍵考驗，從當年有七百人參加角逐此獎，即可知它的難度。

此後，鄧麗君以長達三年的時間，埋頭接受日本嚴格的歌唱訓練，糾正自己的唱腔。鄧麗君不只一次對外表示，從前唱歌對她來說，只有一個唱字，站在台上，心裡還有點害怕，不敢表露自己的感情。自從到日本學習才明瞭表演是怎麼一回事，「學會了放開自己，隨著歌曲盡情地表現，這才叫真正的唱歌。」在日期間她也修正過去唱小調慣有的俏皮尾音，發聲技巧更臻成熟。

在日期間，鄧麗君還抽空返台錄製唱片，歌迷熟悉的「小城故事」、「假如我是真的」、「原鄉人」、「何日君再來」、「你怎麼說」、「月亮代表我的心」、「甜蜜蜜」等，都是這段時間陸陸續續灌錄的。不僅如此，她還把在日本唱紅的歌曲，譯成中文灌成唱片，像「情人的關懷」、「謝謝你常記得我」、「香港之夜」、「問自己」、「愛像一首歌」、「往事如昨」、「償還」、「愛人」、「我只在乎你」等。

鄧麗君的清純模樣始終留在歌迷的心中。

鄧麗君與倪賓是早年歌廳的主秀。

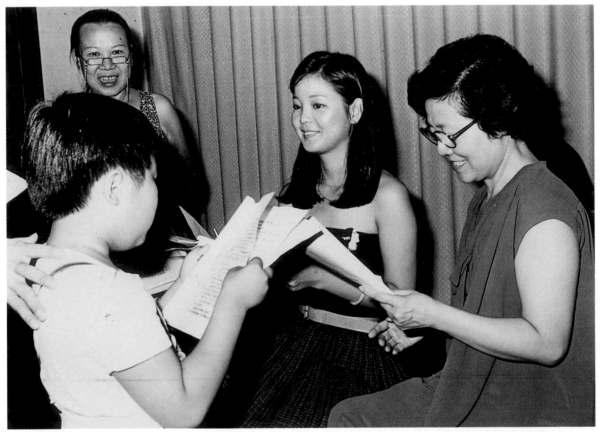

鄧麗君早年曾參加台視電視劇演出，這是現場排錄的情形，右一為傅碧輝，左一為孟漁塵。三人皆作古，留下這張彌足珍貴的照片。

風靡兩岸三地

一九七九年，鄧麗君的歌聲進入大陸，立刻風靡整個大江南北，對中共官方來說，鄧麗君「輕、軟、媚、嗲」的歌聲及風花雪月的歌詞，正是典型的靡靡之音，嚴重戕害民眾的心靈，因此下令禁唱。但是，無論中共如何禁止，鄧麗君的歌聲就像野火燎原，一發不可收拾。當時日本首批銷往大陸的小型單聲道錄音機，發揮了強大的功能；人們利用錄音機，一再地轉錄鄧麗君的「何日君再來」、「又見炊煙」、「夜來香」等歌聲。一夕之間，鄧麗君的歌聲響徹雲霄，人人爭相傳播，而後遂有「不要老鄧要小鄧」、「老鄧不如小鄧」、「老鄧白天統治大陸，小鄧晚上統治大陸」等說法。

除了歌聲，鄧麗君最為人津津樂道的就是她的愛國情操。一九七八年十二月，鄧麗君在新加坡萬金夜總會演唱，席間有來自台北的觀眾，利用間奏的時間，靠近舞台前面悄悄對正在演唱的鄧說：「美國決定與中共建交，為表現愛國心，同時為台灣同胞加油，請演唱『梅花』。」當時她愣了一下，差點把正在演唱的一首歌詞忘了。後來她請來熟知該曲的新加坡樂師為她伴奏，勉強唱出她聽過卻從未唱過的「梅花」。

在唱此曲時，台下的台灣同胞全部起立，自動加入歌唱行列，唱到「巍巍的大中華」時鄧麗君忍不住淚流滿面。此後她趕回台北，將一張五十萬元的支票交給台視，作為愛國捐款，這是台視演藝同仁所捐獻的最大一筆。

鄧麗君在最紅的時候，連大陸也改變態度，積極邀請她到大陸演唱，中共並利用各種管道發布消息，並承諾在可容納十萬民眾的廣場獻藝，時間是在一九八一年左右。任何歌手都希望有那麼一天，能夠到大陸對著上億的中國人歌唱，鄧麗君也不

這是八○年代鄧麗君赴金門勞軍留下的鏡頭。（楊海光／攝影）

穿上民初裝的鄧麗君具有另一種風味。

例外，特別是第一個赴中國大陸演唱的藝人。

當時政戰部主任王昇上將得知此事，立刻向蔣經國總統報告，希望有人阻止鄧麗君到彼岸演唱，當年的理由是不要被中共統戰，但是要派誰與鄧麗君接洽呢？討論結果覺得時任新聞局長與藝人互動關係良好的宋楚瑜是最佳人選。於是蔣總統把宋楚瑜找了去，要宋楚瑜勸鄧麗君取消大陸演唱。宋楚瑜帶著忐忑的心去找鄧麗君商量，沒想到才講了幾句話，鄧麗君就表示願意放棄大陸行，不會為政府帶來任何困擾。鄧麗君取消彼岸演出後，聲望就開始走下坡，但是她沒有任何埋怨！一九八七年，她灌完最後一張唱片「我只在乎你」即未再灌錄任何唱片，與國語歌壇主流市場形成漸行漸遠的局面。

鄧麗君過世後，大量討論她歌曲的文章紛紛出籠，樂評人認為「懷舊與溫柔」是很多人生命中不可缺少的部分」，鄧麗君的歌聲滿足了這一代人的需求；但是，專家指出，在現實生活中，鄧麗君所象徵的中國女性獨有的婉約、溫柔特質已逐漸式微。她的猝死，無疑也代表了那個時代流行音樂典範的消逝；而她也正式在現代華人社會的通俗文化史上，成為經典人物。

歌聲悠揚，斯人已杳。儘管鄧麗君離開人間已經八年，但是她悅耳動聽的歌聲，卻沒有被歌迷淡忘，「小城故事多，充滿喜和樂，若是你到小城來，收穫特別多……。」

電影"水漣漪"全部插曲

水漣漪

儘管「長溝流月去無聲」，鄧麗君的歌聲永遠留在歌迷的心中。

後 記

　　為了出版此書，我把收藏三十餘年的老照片及唱片全部拿出來
過濾一遍，找出有故事的圖片說明，讓讀者有「賞心悅目」的感覺。
這實在是一件相當繁雜的工作，我的圖片及唱片都多得難以計數，單
挑圖片就是一件大工程，有些不夠精彩還特別向歌手去借，由於太麻
煩，好幾次都想停手不做，幸虧主編芳瑜不斷從中協助，才讓這樁雜
亂的工作持續進行。

　　這讓我想起朋友說的一句話：「有好點子不稀奇，最重的是如
何完成這個點子。」是的，文章寫好了，接下來還有：怎麼樣編排才
好看？如何引起讀者興趣，願意掏腰包購買才是重頭戲，否則「雖有
如花貌，常居寂寞中。」一切也是枉然！再次謝謝聯經願意出版此
書。

感謝圖片提供者

蘭　楓　葛
蓉　蓉　葉
音　鶯　錢
華　迪　吳
露　　潘
霞　海　張
黛　　黃
菲　山　美
琪　　王
雷　　張
雅　　謝
　　　尤

鋼　陳
光　海　楊
舫　肇　郭
光　宏　王
木　慶　鄭
田　祺　張
炅　志　邱
片　唱　海山
片　唱　歌林
片　唱　麗歌
誌　雜　光華
報　快　新婚

金嗓金曲不了情

2003年11月初版　　　　　　　　　　定價：新臺幣399元
2003年12月初版第二刷
有著作權·翻印必究
Printed in Taiwan.

著　　　者　張　夢　瑞
發　行　人　劉　國　瑞

出　版　者　聯經出版事業股份有限公司　　責任編輯　林　芳　瑜
台北市忠孝東路四段555號　　　　　　校　　對　鄭　瑛　瑤
台北發行所地址：台北縣汐止市大同路一段367號　　　　　張　幸　美
　　　　電話：(02)26418661　　美術設計　沈志豪視覺
台北忠孝門市地址：台北市忠孝東路四段561號1-2F　　　　設計工作室
　　　　電話：(02)27683708
台北新生門市地址：台北市新生南路三段94號
　　　　電話：(02)23620308
台中門市地址：台中市健行路321號
台中分公司電話：(04)22312023
高雄辦事處地址：高雄市成功一路363號B1
　　　　電話：(07)2412802
郵政劃撥帳戶第0100559-3號
郵　撥　電　話：26418662
印　刷　者　文鴻分色製版·廣藝印製

行政院新聞局出版事業登記證局版臺業字第0130號

本書如有缺頁，破損，倒裝請寄回發行所更換。ISBN　957-08-2642-8 (平裝附光碟)
聯經網址 http://www.linkingbooks.com.tw
　　信箱 e-mail:linking@udngroup.com

國家圖書館出版品預行編目資料

金嗓金曲不了情 / 張夢瑞著 . --初版 .
--臺北市：聯經，2003 年（民 92）
256 面；20×20 公分 .

ISBN　957-08-2642-8(平裝附光碟)
〔2003 年 12 月初版第二刷〕

1.歌星-中國-傳記

782.29　　　　　　　　　　　　　92017710

聯經出版公司信用卡訂購單

信用卡別： □VISA CARD □MASTER CARD □聯合信用卡

訂購人姓名： _____

訂購日期： _____年_____月_____日

信用卡號： _____ _____ _____ _____

信用卡簽名： _____(與信用卡上簽名同)

信用卡有效期限： _____年_____月止

聯絡電話： 日(O)_____夜(H)_____

聯絡地址： □□□_____

訂購金額： 新台幣_____元整
（訂購金額 500 元以下，請加付掛號郵資 50 元）

發票： □二聯式 □三聯式

發票抬頭： _____

統一編號： _____

發票地址： _____

如收件人或收件地址不同時，請填：

收件人姓名： _____ □先生
□小姐

聯絡電話： 日(O)_____夜(H)_____

收貨地址： _____

・茲訂購下列書種・帳款由本人信用卡帳戶支付・

書名	數量	單價	合計
		總計	

訂購辦法填妥後
直接傳真 FAX：(02)8692-1268 或(02)2648-7859
洽詢專線：(02)26418662 或(02)26422629 轉 241